Défi mathématique

1er cycle 1

Manuel de l'élève

Michel Lyons et Robert Lyons

Les pages de ce manuel sont recouvertes
d'un vernis non toxique.

Vous pouvez écrire dans ce manuel en utilisant
un crayon à encre sèche ou un crayon gras.

Pour effacer toute trace d'écriture, frottez la surface
à l'aide d'un papier mouchoir ou d'un tissu sec.
Au besoin, utilisez un tissu humide.

Si vous utilisez tout autre type de crayon,
vous ne pourrez plus effacer l'écriture.

Chenelière McGraw-Hill

CHENELIÈRE ÉDUCATION

Défi mathématique
Mathématique, 1er cycle du primaire
Manuel de l'élève 1

Michel Lyons et Robert Lyons

© 2004 Les Éditions de la Chenelière inc.

Éditrice : Maryse Bérubé
Coordination : Denis Fallu
Révision linguistique : Marie Chalouh
Correction d'épreuves : Sophie Cazanave
Illustrations : Ginette Morneau, Robert Gaboury et Norman Lavoie
Infographie et couverture : Norman Lavoie

Remerciements

Cette édition de *Défi mathématique* résulte de la collaboration de nombreuses personnes qui ont mis en commun leur compétence. Nous ne pouvons les nommer toutes ici, mais nous tenons à leur exprimer notre reconnaissance face à leur engagement. Parmi elles, nous désirons toutefois mentionner Ginette Poitras, Serge Girard et Michel Solis qui, depuis près de 20 ans, nous ont appuyés sans relâche.

Enfin, merci à Françoise Loranger, Manon Beauregard, Robert Rousseau et Ginette Vincent, conseillers pédagogiques, qui ont bien voulu lire et commenter la présente édition de *Défi mathématique*.

Michel Lyons et Robert Lyons

Chenelière McGraw-Hill

CHENELIÈRE ÉDUCATION

7001, boul. Saint-Laurent
Montréal (Québec)
Canada H2S 3E3
Téléphone : (514) 273-1066
Télécopieur : (514) 276-0324
info@cheneliere-education.ca

ISBN 2-7651-0401-8

Dépôt légal : 2e trimestre 2004
Bibliothèque nationale du Québec
Bibliothèque nationale du Canada

Imprimé au Canada
  2 3 4 5 ITIB 08 07 06 05

Nous reconnaissons l'aide financière du gouvernement du Canada par l'entremise du programme d'aide au développement de l'industrie de l'édition (PADIÉ) pour nos activités d'édition.

DANGER
LE PHOTOCOPILLAGE TUE LE LIVRE

Table des matières

Logique 1
Bloc A 2
Bloc B 18
Bloc C 22
Bloc D 28

Comparaisons 33
Bloc A 34
Bloc B 46
Bloc C 52
Bloc D 58
Bloc E 64

Jeux d'addition 69
Bloc A 70
Bloc B 82
Bloc C 88

Les banquiers 93

Numération 113
Bloc A 114
Bloc B 120
Bloc C 136

Géométrie 141
Bloc A 142
Bloc B 152
Bloc C 160
Bloc D 166

Méli-mélo 173
Bloc A 174
Bloc B 178
Bloc C 184

Un défi pour toi

Un problème se pose…
Quelqu'un a laissé la cuisine sens dessus dessous.

Caboche imagine ce qui a bien pu se passer.

Troublefête examine logiquement toutes les pistes. Un vrai détective…

Chacun à sa manière, Picto, Mani et Scrip refont la scène…

Quand tu résous un problème…

Tout comme Caboche, tu peux imaginer et créer des solutions originales. La logique de Troublefête est une force que tu possèdes aussi et qui peut grandir.

En apprenant à manipuler, à dessiner et à écrire les mathématiques comme Mani, Picto et Scrip, tu découvriras la puissance de la pensée mathématique.

Et comme Domino, tu en tireras beaucoup de plaisir !

Nous te souhaitons une belle année en leur compagnie.

Michel et Robert

Serait-ce un coup de Domino ?

Logique

La logique anime la « pensée » des ordinateurs.

En logique, tout est clair et net : c'est oui ou c'est non !

La logique est la science de la communication objective.

Logique mathématique : pour un oui...

Bonjour ! Je me nomme Troublefête. Je suis champion toutes catégories de logique.

Troublefête adore proposer des énigmes logiques. C'est sa manière de tenir ton esprit éveillé ! Alors, sois logique et reste sur tes gardes...

À la page suivante, tu trouveras les règles de mon jeu préféré. Exerce-toi ! Tu deviendras toi aussi un as de la logique.

... ou pour un non !

Voici un exemple. Il t'aidera à compléter les casse-tête logiques qui suivent.

Matériel
Les as, les deux et les trois de pique, de cœur et de carreau.

But du jeu
Placer les neuf cartes sur trois rangées de trois cartes en suivant tous les indices.

Les indices

1) Oui, l'as de carreau est placé là où se trouve la carte coloriée.

2) Le trois de pique est en bas, au milieu.

3) Des cartes sont cachées. Mais le trois de carreau est facile à placer.

4) Le deux de cœur est en haut. Mais dans quelle colonne ?

5) Le trois de cœur est en bas, mais pas à gauche.

6) Non, le deux de carreau n'est pas l'une de ces cartes.

7) Il y a un deux à droite.

8) Il n'y a aucun pique à gauche.

Lis les indices de gauche à droite et de haut en bas.

1 Place les neuf cartes du jeu aux bons endroits.

2 Place les neuf cartes du jeu aux bons endroits.

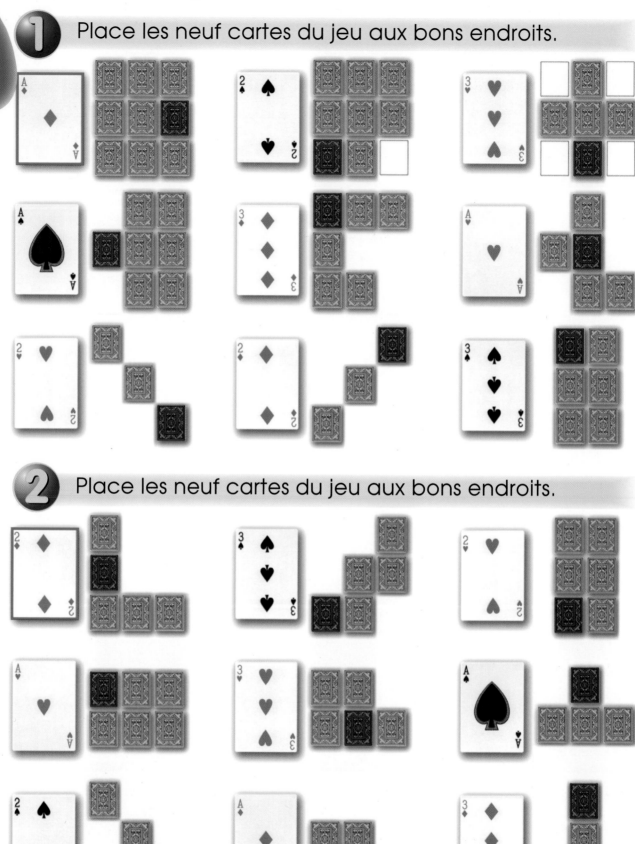

Lis les indices de gauche à droite et de haut en bas.

1 Place les neuf cartes du jeu aux bons endroits.

2 Place les neuf cartes du jeu aux bons endroits.

5

Lis les indices de gauche à droite et de haut en bas.

A 5

1 Place les neuf cartes du jeu aux bons endroits.

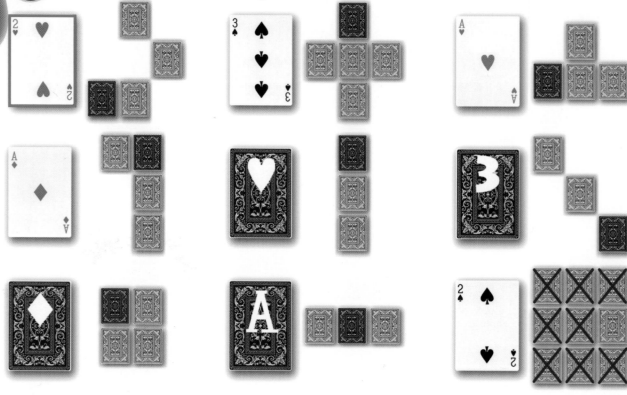

2 Place les neuf cartes du jeu aux bons endroits.

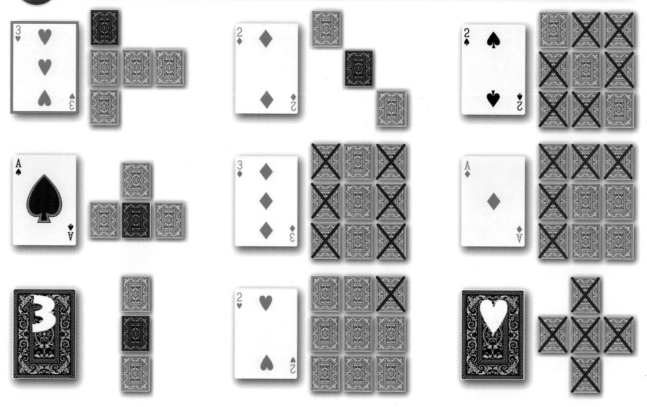

Lis les indices de gauche à droite et de haut en bas.

1 Place les neuf cartes du jeu aux bons endroits.

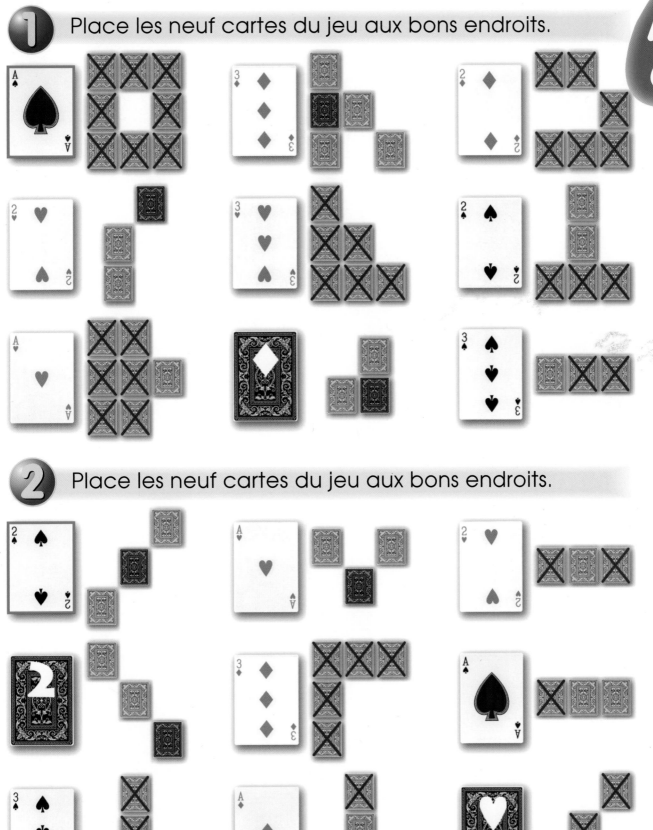

2 Place les neuf cartes du jeu aux bons endroits.

Lis les indices de gauche à droite et de haut en bas.

1 Place les neuf cartes du jeu aux bons endroits.

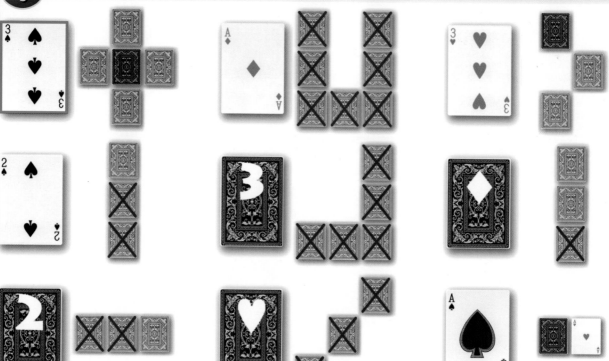

2 Place les neuf cartes du jeu aux bons endroits.

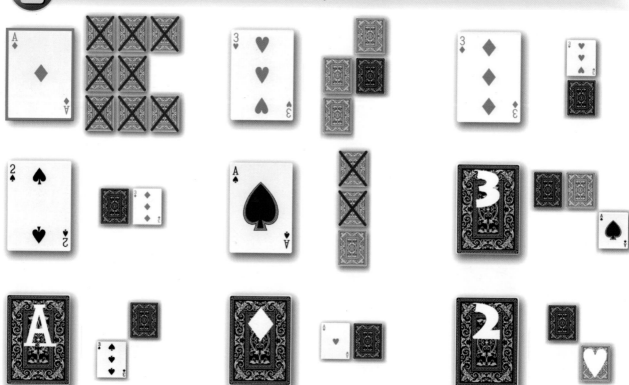

Lis les indices de gauche à droite et de haut en bas.

1 Place les neuf cartes du jeu aux bons endroits.

2 Place les neuf cartes du jeu aux bons endroits.

Les indices sont maintenant placés en désordre.

1 Place les neuf cartes du jeu aux bons endroits.

2 Place les neuf cartes du jeu aux bons endroits.

10

Les indices sont en désordre.

1 Place les neuf cartes du jeu aux bons endroits.

2 Place les neuf cartes du jeu aux bons endroits.

11

Les indices sont en désordre.

1 Place les neuf cartes du jeu aux bons endroits.

2 Place les neuf cartes du jeu aux bons endroits.

1 Place les neuf cartes du jeu aux bons endroits.

2 Place les neuf cartes du jeu aux bons endroits.

Voici des êtres imaginaires.
Sois logique et tu sauras les reconnaître…

Nous sommes des Dextres.

Nous ne sommes
pas des Dextres.

Maintenant, encercle les
Dextres.
Comment les reconnais-tu ?

a

b

c

d

Fiche complémentaire *Logique 3*

Voici d'autres êtres imaginaires.
Observe-les attentivement.

POUR LES AS

Nous sommes des Flagors.

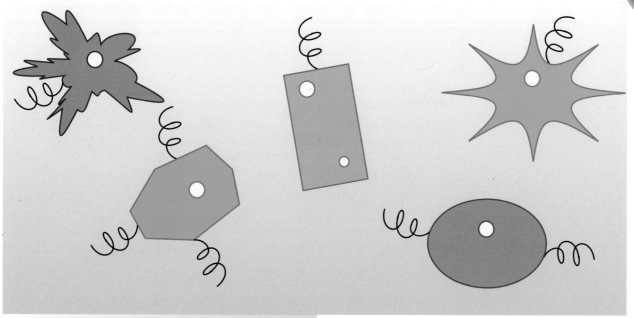

Nous ne sommes pas des Flagors.

Maintenant, encercle les Flagors.
Comment les reconnais-tu ?

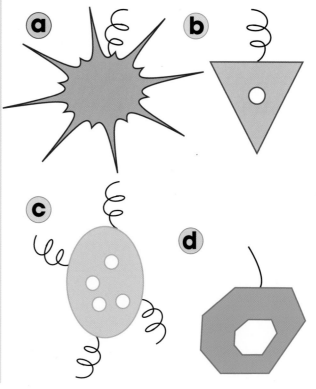

Voici des objets réels.
Mais on leur a donné un nom imaginaire…

Nous sommes des Oh ! là ! là !

Nous ne sommes pas des
Oh ! là ! là !

Maintenant, encercle les
Oh ! là ! là !
Comment les reconnais-tu ?

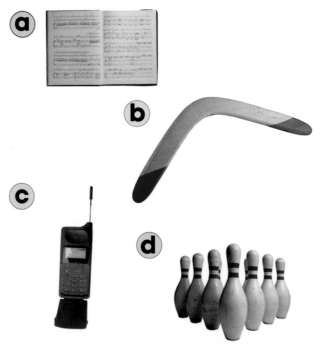

a

b

c

d

16

Voici d'autres objets réels,
et un autre nom imaginaire...

Nous sommes des Oups !

Nous ne sommes pas des Oups !

Maintenant, encercle les Oups !
Comment les reconnais-tu ?

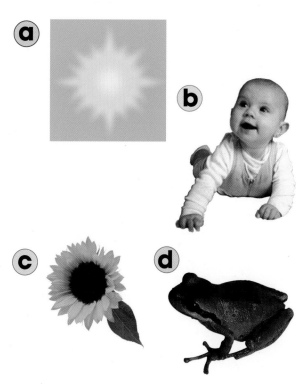

a

b

c

d

Ribambelles, courtepointes et...

Autour de toi, tu vois souvent toutes sortes de motifs répétés.

1 On a oublié de colorier cinq zones de ce parasol. Avec tes centicubes, indique quelle couleur tu dois mettre dans chaque zone.

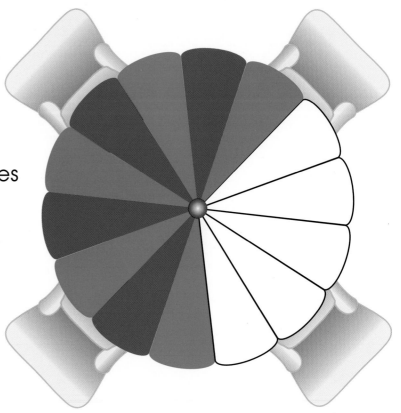

2 Avec tes centicubes, imite cette ribambelle d'instruments de musique.
Fais comme si...

a Entoure l'instrument qui serait juste avant le premier saxophone.

b Fais un **X** sur l'instrument qui serait juste après le dernier tambour.

... jolis motifs !

3 Voici une ribambelle.
Observe comment elle a été
découpée et décorée.

Le bonhomme de
droite n'est pas complet.
Dessine-le.
Quelle couleur lui donneras-tu ? _____

4 Observe les motifs de ces
courtepointes.
Avec tes centicubes, imite les
pièces manquantes.

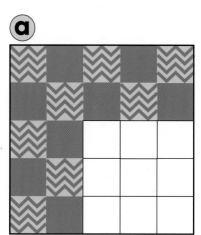

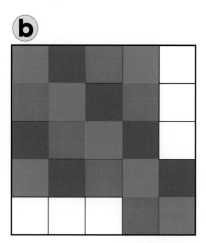

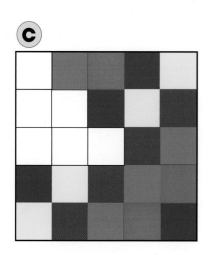

19

1 Voici une suite de symboles.

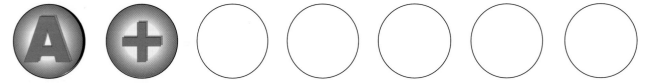

a Reproduis d'abord la suite de symboles dans le même ordre.

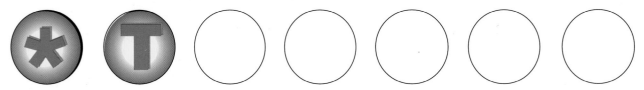

b Maintenant, reproduis la suite dans l'ordre inverse. Commence par la fin, puis continue.

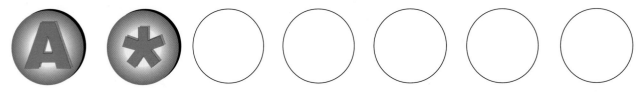

c Ici, on a d'abord reproduit le 1er symbole. Puis, on a mis le dernier symbole. Maintenant, à ton tour !

Dans le 3e cercle, place le 2e symbole à partir du début. Ensuite, place le 2e à partir de la fin. Continue ainsi en alternant jusqu'à la fin.

2 Ajoute trois dessins à cette frise.

1 Observe ces neuf figures.

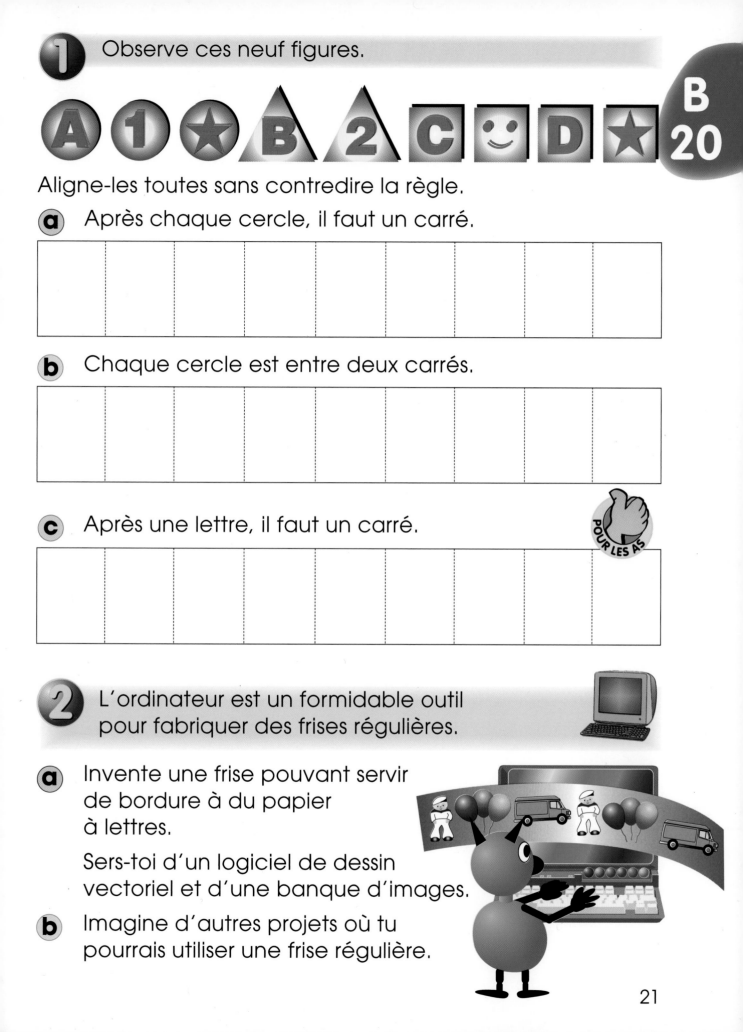

A **1** ★ **B** **2** **C** ☺ **D** ★

B 20

Aligne-les toutes sans contredire la règle.

a Après chaque cercle, il faut un carré.

b Chaque cercle est entre deux carrés.

c Après une lettre, il faut un carré.

POUR LES AS

2 L'ordinateur est un formidable outil pour fabriquer des frises régulières.

a Invente une frise pouvant servir de bordure à du papier à lettres.

Sers-toi d'un logiciel de dessin vectoriel et d'une banque d'images.

b Imagine d'autres projets où tu pourrais utiliser une frise régulière.

21

Défilé de mode et...

Un fabricant de vêtements de sport présente un défilé de mode. Claudia doit porter un survêtement et des chaussures de course.

1 Claudia a déjà paradé cinq fois. Elle doit s'habiller chaque fois de façon différente. Comment doit-elle se vêtir pour la sixième présentation ?
Encercle les vêtements qu'il lui faut.

... fête costumée

Joël est invité à une fête costumée. Dans son placard, il a des habits et des chapeaux variés.

 Après sept essais, Joël trouve une façon différente de se costumer. C'est celle qu'il choisit.
Relie d'un trait les vêtements qu'il va porter.

À partir de la maison, on peut faire plusieurs excursions jusqu'à la chute. Chacune permet d'observer deux animaux différents.

1 Regarde les deux premiers carnets d'observation.
On a encerclé les animaux qu'on a observés.
Trace le chemin qui a été suivi dans chaque cas.

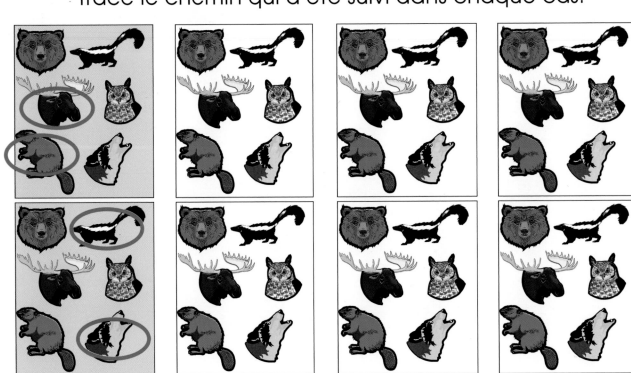

2 Il y a d'autres excursions possibles.
Pour chacune, complète un carnet d'observation.

24

Complète les masques.
Dessine les bouches et les chapeaux qui manquent.

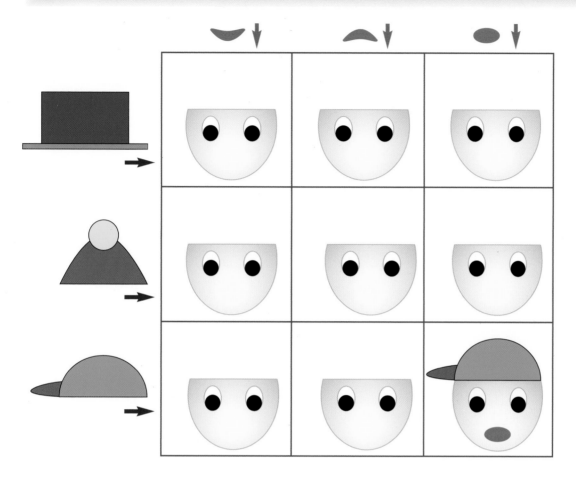

 Observe les maisons rangées dans cette grille.
Dessine celles qui manquent.

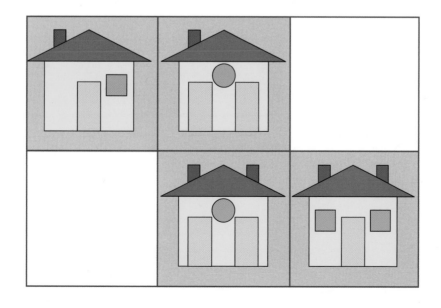

1 Au casse-croûte, on commande la collation sur une carte. Pour choisir un jus et un légume, on les relie par un trait.

a Regarde la carte de commande. Quel jus et quel légume ont été commandés ?

b Ajoute toutes les autres commandes qui comprennent un jus et un légume.

c Combien y a-t-il de collations différentes possibles ? _____

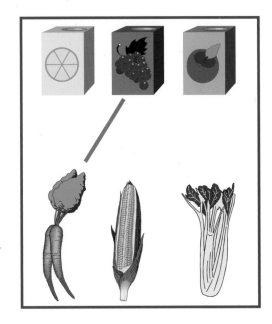

2 Fabrique un fanion pour représenter ton école. Tu choisis parmi quatre couleurs de tissu. Sur ton fanion, tu peux mettre l'un des trois écussons suggérés.

Voici l'un des choix possibles :

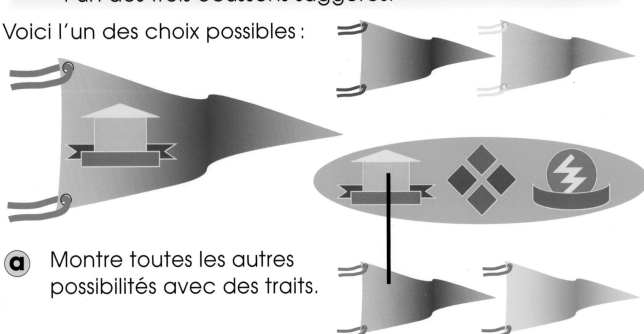

a Montre toutes les autres possibilités avec des traits.

b Combien y a-t-il de fanions différents possibles ? _____

Dans un jeu de hasard, on lance un dé et une pièce.
Voici huit résultats différents qu'on a obtenus.
À ton tour, lance un dé et une pièce.
Dessine les autres résultats possibles.
Utilise le code indiqué.

C
26

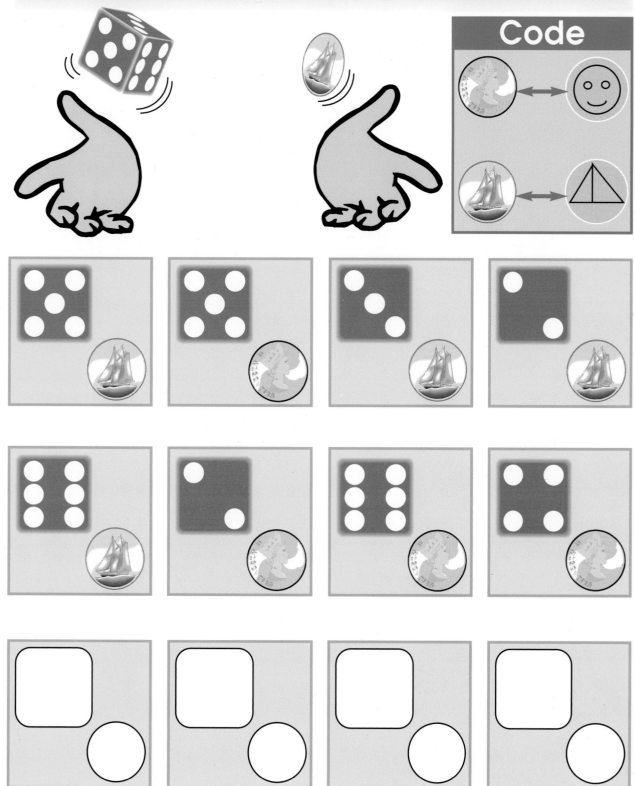

27

Boule de cristal...

D 27

Depuis la nuit des temps,
des humains croient que
certains objets peuvent leur
porter chance.

Plusieurs ont cherché dans les
chiffres la clé de la fortune.
D'autres y ont vu le signe de la
malchance...

6	7	2
1	5	9
8	3	4

1 Comment peut-on vérifier si un nombre peut porter
chance ou malchance ?

... mathématique

Personne ne peut connaître l'avenir avec exactitude. Mais, dans certains domaines, on peut faire des prédictions assez précises.

Mme Lafortune sera élue à la mairie

Il est maintenant assuré que Mme Grâce Lafortune sera facilement élue à la mairie aux élections municipales de la semaine prochaine. Tous les sondages confirment que son parti a une confortable avance sur ses

 2 Comment un sondage peut-il aider à prédire des événements futurs ?

Du soleil jusqu'à lundi

Les prévisions de la météo sont très encourageantes pour le week-end à venir. À part un léger ennuagement dans la soirée de dimanche, les météorologues prévoient du beau temps

 3 Comment peut-on prédire le temps qu'il fera dans trois jours ?

D 29

1 Tu aimerais que l'aiguille s'arrête sur la couleur jaune.
Entoure la roulette où tes chances sont les meilleures.
Explique ton choix.

a

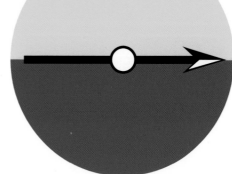

b

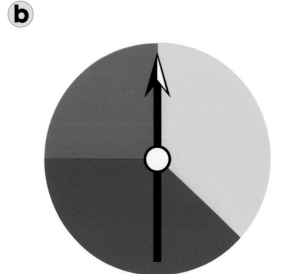

c

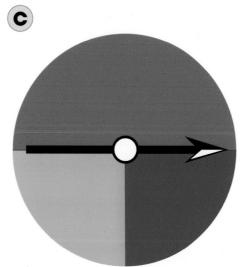

d

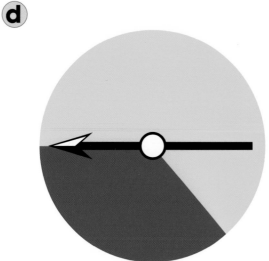

2 Invente une roulette où tu auras :

- plus de chances d'obtenir le bleu que le rouge ;
- plus de chances d'obtenir le rouge que le jaune ;
- très peu de chances d'obtenir le vert.

Dans la classe de Mme Vertefeuille, plusieurs sorties de fin d'année sont suggérées. Pour faciliter sa décision, un sondage est organisé.

Les résultats du sondage ont été résumés dans un diagramme à pictogrammes.

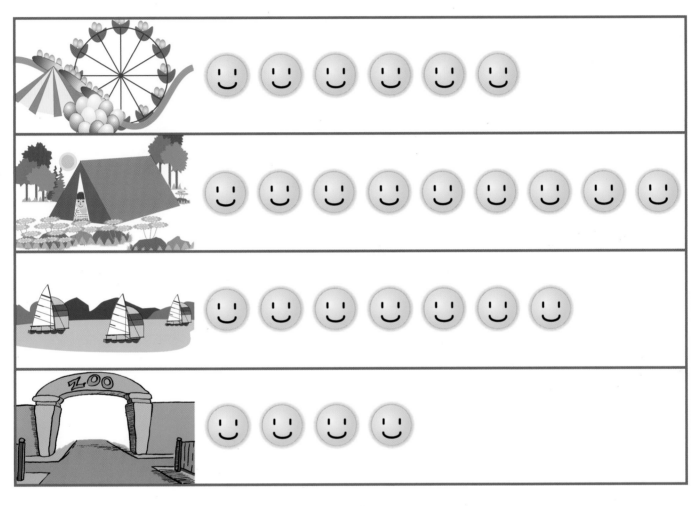

a Quelles activités sont proposées ? _____

_____

b Quelle activité est la plus populaire ? _____

c Combien d'élèves préfèrent aller au lac ? _____

d Combien d'élèves ont répondu au sondage ? _____

e Comment ce sondage peut-il aider Mme Vertefeuille ?

_____

Réponds aux questions avant de vérifier tes prédictions.

1 Chaque encadré décrit une expérience liée au hasard. Entoure l'événement le plus probable.

a Lancer une punaise pour qu'elle tombe sur le plancher.

Obtenir

Obtenir

Obtenir

---

b Jeter 2 dés.

Obtenir 2 nombres différents.

Obtenir un total de 13 points.

Obtenir 2 nombres identiques.

---

c Tirer une carte d'un jeu complet de 52 cartes.

Obtenir l'as de pique.

Obtenir une carte rouge.

Obtenir un trèfle.

---

d Lancer 3 pièces de monnaie.

Obtenir 3 fois le côté face.

Obtenir le côté pile sur la pièce de 1 ¢.

Obtenir autant de côtés pile que de côtés face.

2 Fais une croix sur les événements impossibles du numéro 1.

Brebis comptées...

Autrefois, les bergères et les bergers avaient peur de compter leurs moutons. Ils craignaient de leur porter malheur.

Le soir, la bergère s'arrête pour passer la nuit. Tous les moutons sont réunis près d'elle.

... le loup les mange !

Mais comment savoir, le lendemain, si un ou plusieurs moutons ont disparu ?

Avec des petits cailloux, la bergère peut surveiller ses moutons, même quand elle dort...
Comment fait-elle ?

A 3

1 Quatre élèves comparent leurs petites « fortunes »...

a Encercle la plus grosse somme.

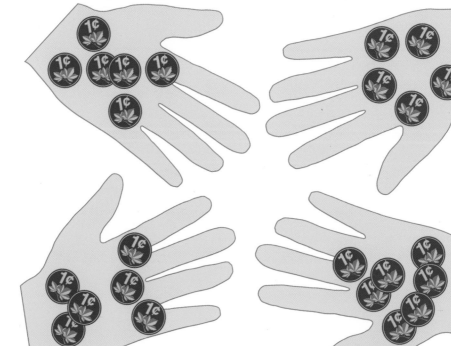

b Fais une croix sur la plus petite somme.

2 C'est l'heure de la collation.

a Encercle l'assiette qui contient le plus grand nombre de biscuits.

b Fais une croix sur l'assiette qui en contient le plus petit nombre.

1 Voici 4 images montrant des animaux.

a Encercle l'image qui contient le plus d'animaux.

b Fais une croix sur l'image qui en contient le moins.

2 Voici 4 images montrant des fruits.

a Encercle l'image qui contient le plus de fruits.

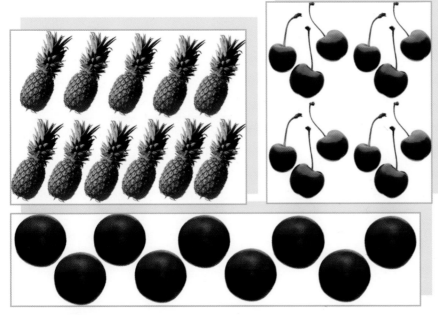

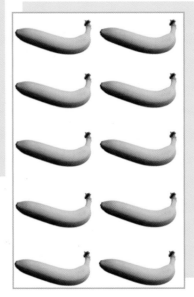

b Fais une croix sur l'image qui en contient le moins.

A 4

a Encercle le dé qui affiche
le plus grand nombre.

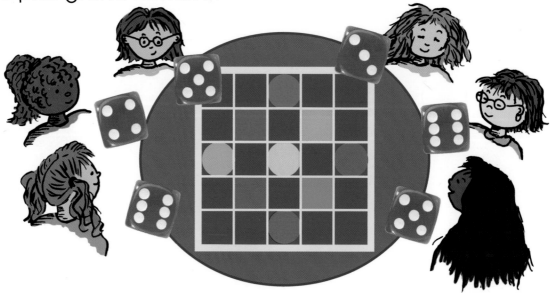

A
5

b Fais une croix sur le dé qui
affiche le plus petit nombre.

2 Quatre garçons célèbrent
aujourd'hui leur anniversaire.

POUR LES AS

a Encercle le gâteau du plus âgé.

b Fais une croix sur le gâteau du plus jeune.

1 Les cases montrent un indice numérique.
Les nombres de 1 à 9 sont représentés.
Quel est le nombre de la case du milieu ?

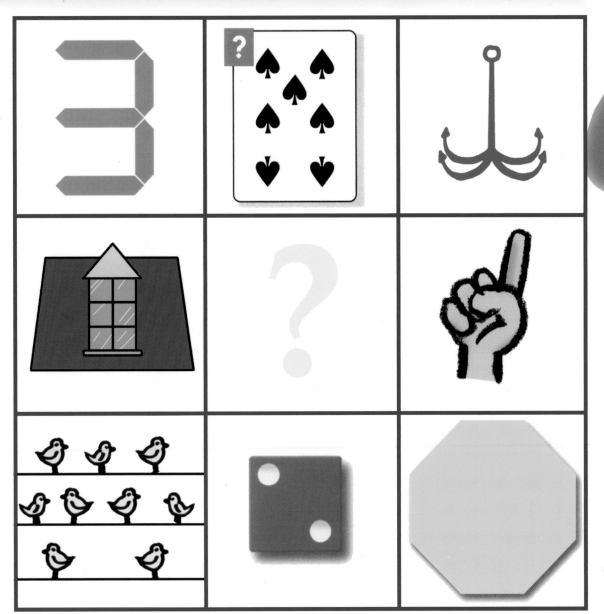

2 Observe les chiffres sur l'écran de ta calculette. Tous sont tracés dans le même cadre.

Colorie les bâtonnets qu'il faut pour obtenir la suite de 0 à 9.

Sur l'étiquette, écris le nombre de
véhicules que compte chaque photographie.

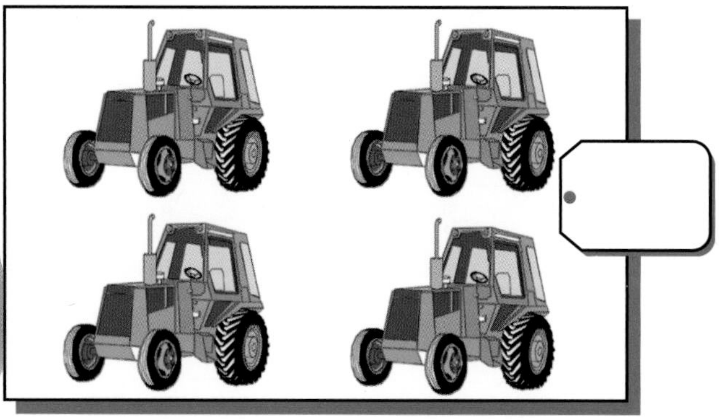

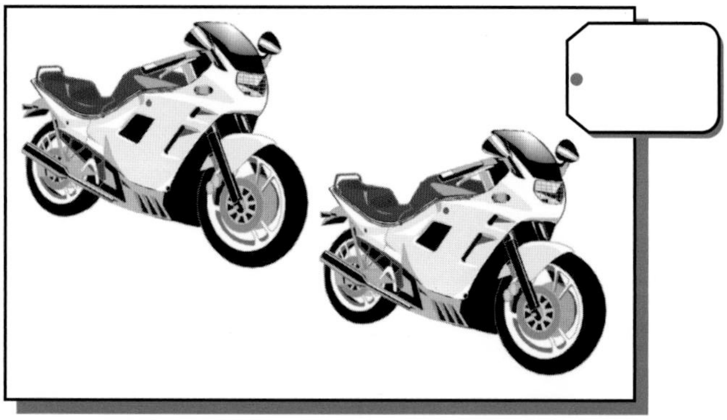

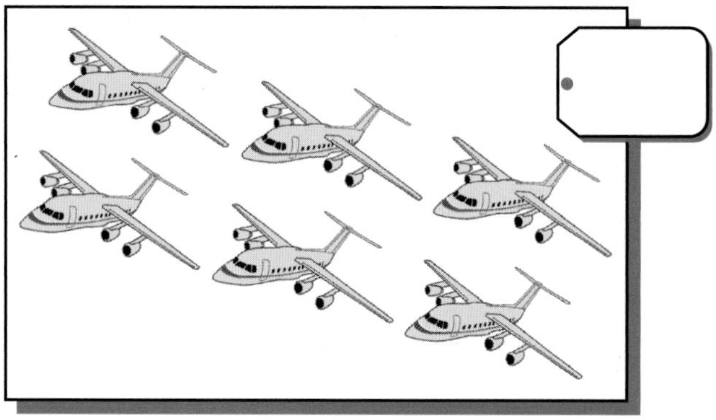

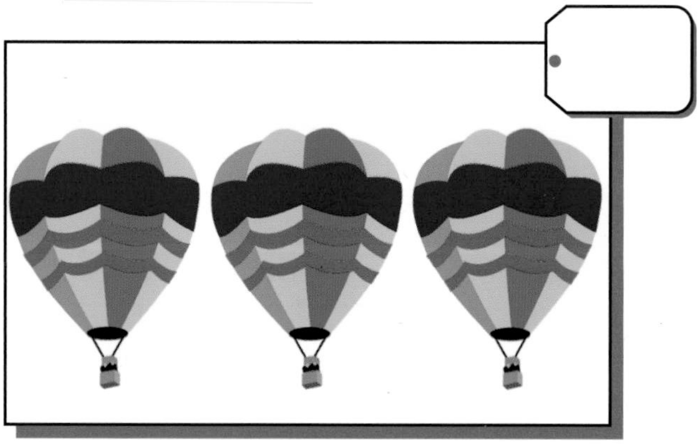

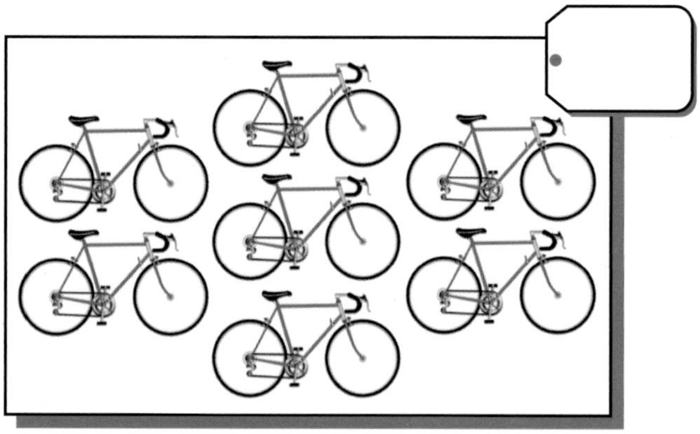

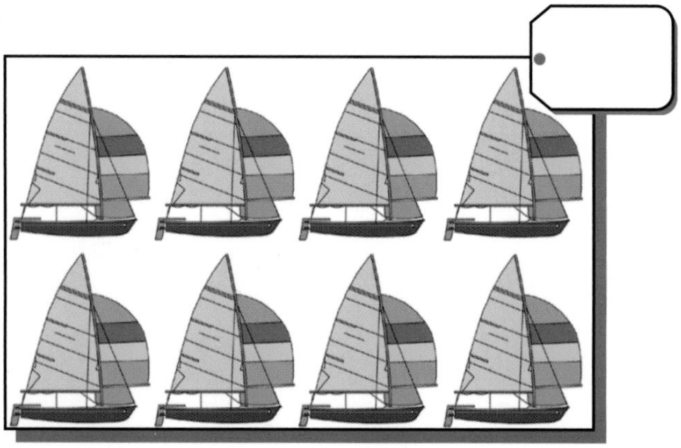

A
7

Fiche complémentaire *Comparaisons 7*

1 L'équipe des Jaunes vient de gagner
la partie de hockey.
Encercle une boîte de jus pour chaque membre
de l'équipe. Aide-toi de tes centicubes.

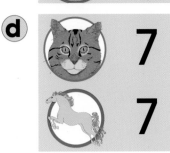

A
8

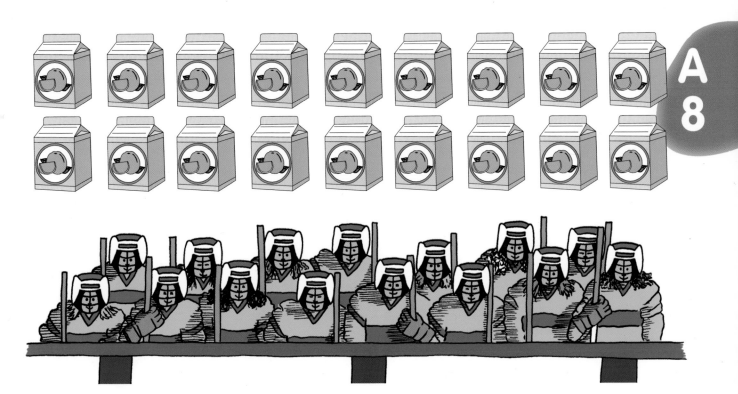

2 Voici les résultats de 6 matchs de
soccer.
Encercle les équipes gagnantes.

a 3
2

b 5
4

c 0
1

d 7
7

e 9
8

f 6
9

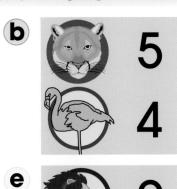

1 Voici des ensembles d'autocollants.
Dans chaque ensemble, encercle l'autocollant
qui coûte le plus cher.
Puis, fais un X sur le moins cher.

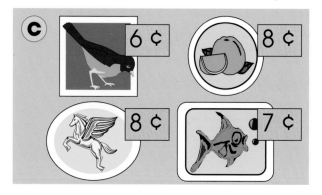

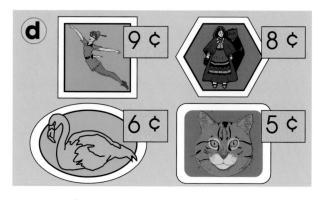

2 Indique le montant que représente
chaque ensemble de pièces.

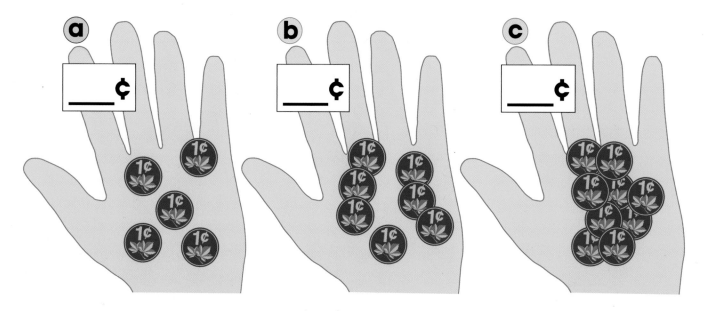

42

1 Voici des ensembles de cartes d'anniversaire. Dans chaque ensemble, encercle la carte qui s'adresse à la personne la plus âgée.

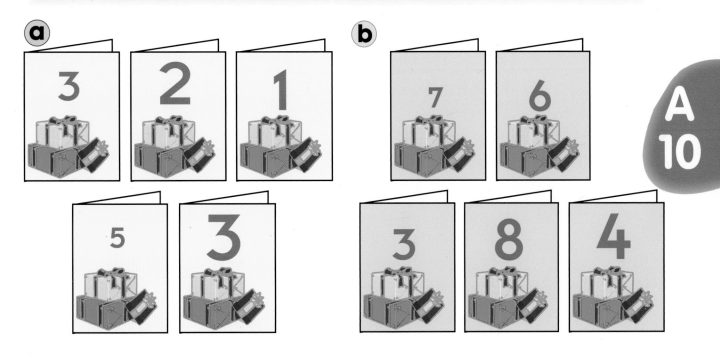

a
3   2   1
5   3

b
7   6
3   8   4

2 Dans chaque ensemble, encercle le plus grand nombre. Puis, fais un X sur le plus petit nombre.

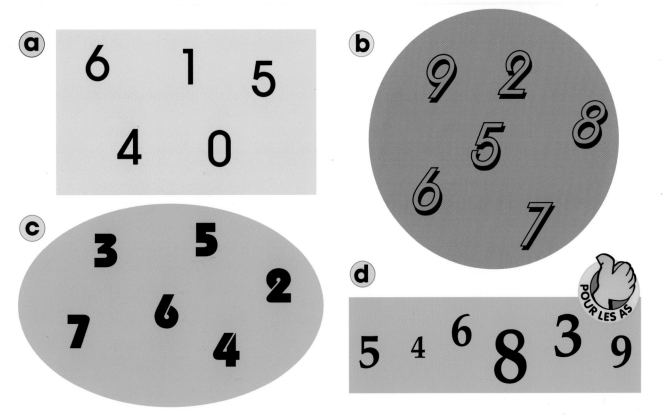

a
6   1   5
4   0

b
9   2
5   8
6   7

c
3   5
2
6
7   4

d
5   4   6   8   3   9

POUR LES AS

43

Indique sur la carte le nombre de bougies de chaque gâteau.

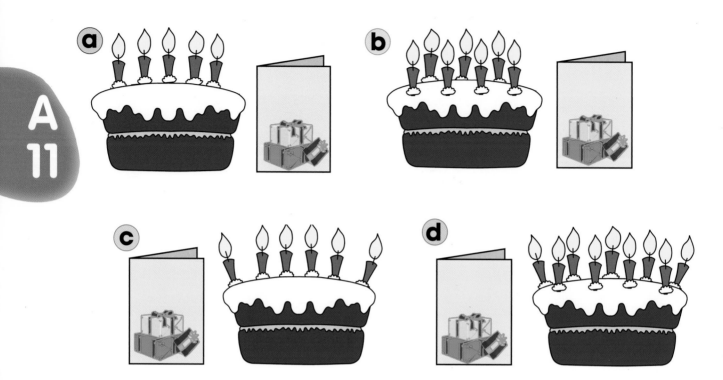

S'il manque des bougies sur un gâteau, ajoute-les en dessinant des traits.

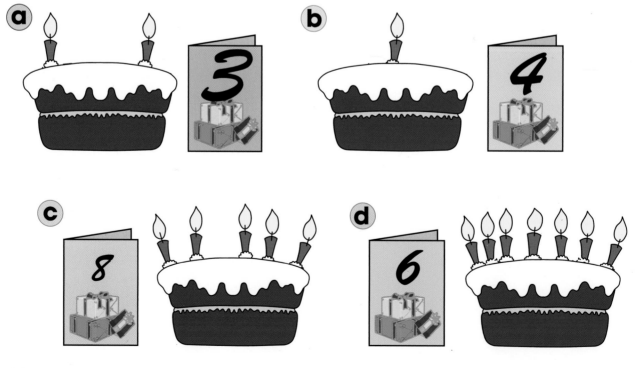

Fiche complémentaire *Comparaisons 10*

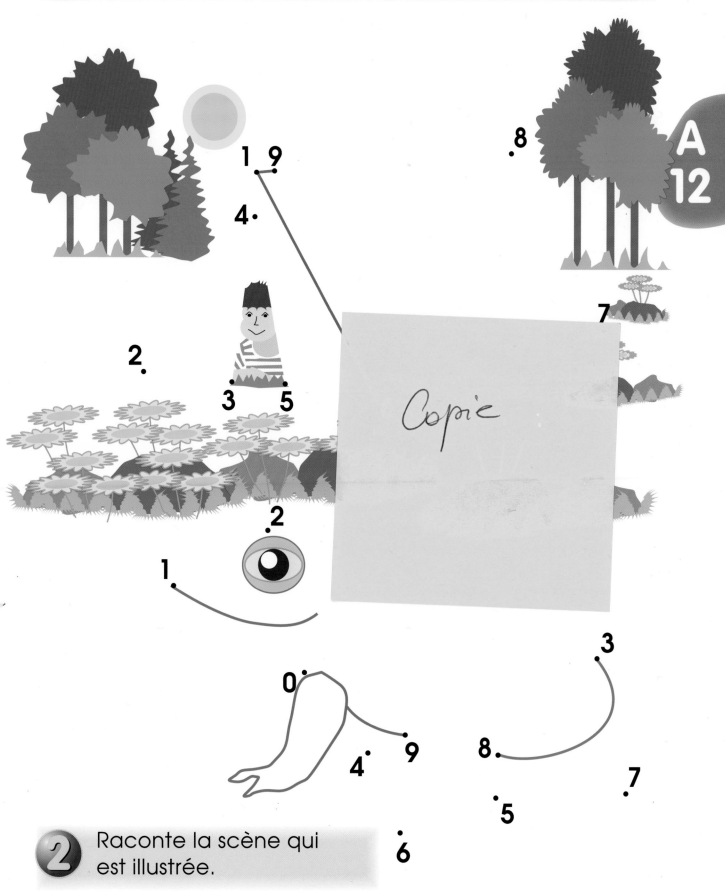

Signes qui parlent...

Les signes permettent de communiquer des idées. Bien que silencieux, ils ont quelque chose à dire...

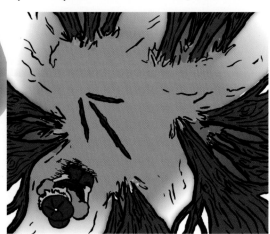

1 Que signifie ce signe de piste ?

2 Quel message livre ce panneau de signalisation ?

3 Les signes musicaux racontent des mélodies. Connais-tu quelques-uns de ces signes ?

... et mathématiques silencieuses

Les mathématiques comprennent aussi de nombreux signes.
Tu en connais déjà quelques-uns. Mais il te faudra plusieurs années pour reconnaître tous ceux qui figurent sur cette page...

B 14

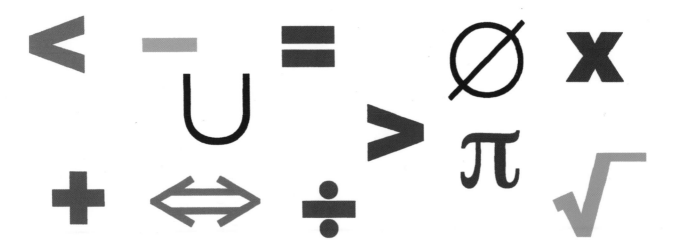

Sans paroles...

4 Que raconte chaque scène ?

1 Écris le signe de comparaison qui manque
(<, > ou =) dans chaque phrase mathématique.

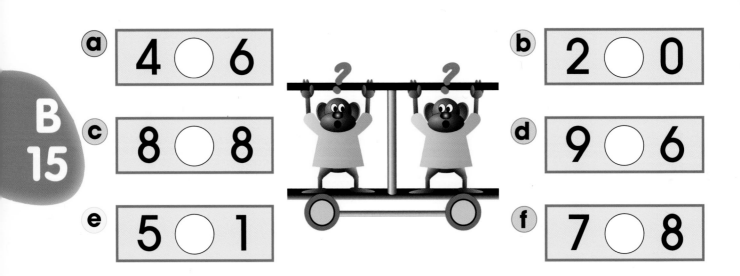

a 4 ◯ 6

b 2 ◯ 0

c 8 ◯ 8

d 9 ◯ 6

e 5 ◯ 1

f 7 ◯ 8

B
15

2 Complète chaque phrase mathématique.

a 2 > ▢

b 5 < ▢

c 1 < ▢ = 6

d 4 < ▢ < 6

e 3 > ▢ < 1

f 5 < ▢ > ▢

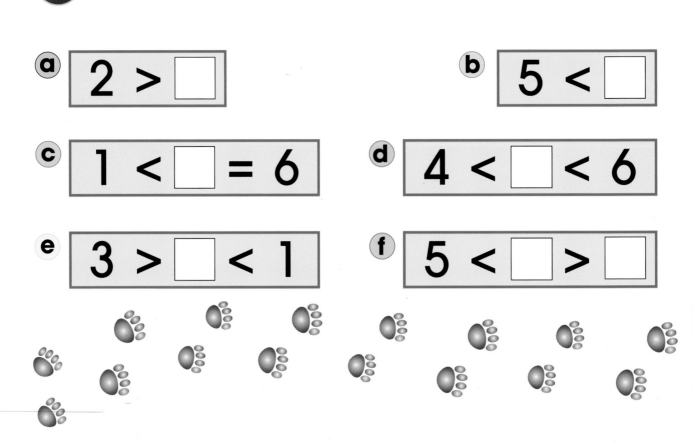

Fiche complémentaire *Comparaisons 11*

1

Écris les signes de comparaison qui manquent (<, > ou =) dans chaque phrase mathématique.

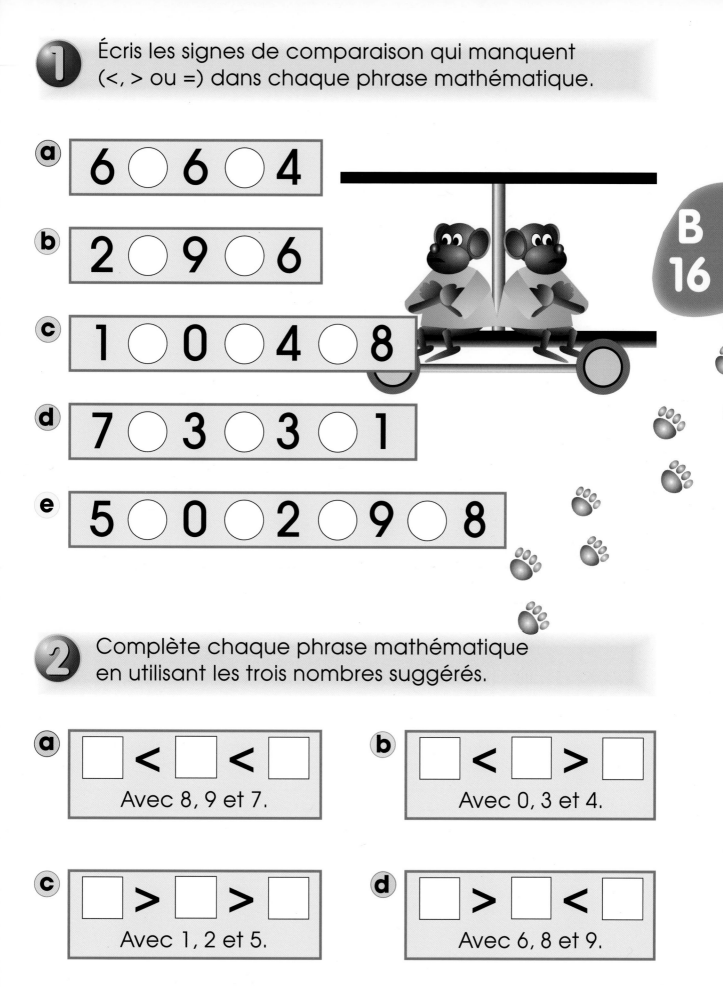

a) 6 ◯ 6 ◯ 4

b) 2 ◯ 9 ◯ 6

c) 1 ◯ 0 ◯ 4 ◯ 8

d) 7 ◯ 3 ◯ 3 ◯ 1

e) 5 ◯ 0 ◯ 2 ◯ 9 ◯ 8

B 16

2

Complète chaque phrase mathématique en utilisant les trois nombres suggérés.

a) ☐ < ☐ < ☐
Avec 8, 9 et 7.

b) ☐ < ☐ > ☐
Avec 0, 3 et 4.

c) ☐ > ☐ > ☐
Avec 1, 2 et 5.

d) ☐ > ☐ < ☐
Avec 6, 8 et 9.

1 Pour chaque lettre, écris un nombre qui correspond à l'indice.

Tu dois ainsi disposer tous les nombres de 1 à 9.

Suis les indices dans l'ordre alphabétique.

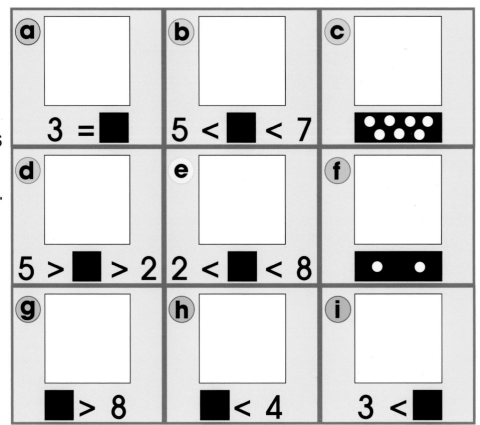

a 3 = ■

b 5 < ■ < 7

c ●●● ●●

d 5 > ■ > 2

e 2 < ■ < 8

f ● ●

g ■ > 8

h ■ < 4

i 3 < ■

2 Complète chaque phrase mathématique en suivant la consigne.

POUR LES AS

a Choisis le plus grand nombre possible.
$$5 < \square < 9$$

b Choisis le plus petit nombre possible.
$$7 > \square > 2$$

c Choisis les plus grands nombres possible.
$$4 = \square > \square$$

d Choisis les plus petits nombres possible.
$$8 > \square > \square$$

Remplis chaque grille avec les nombres de 1 à 9.

B 18

Pour chacune, il te faudra retrouver l'ordre des indices...

a

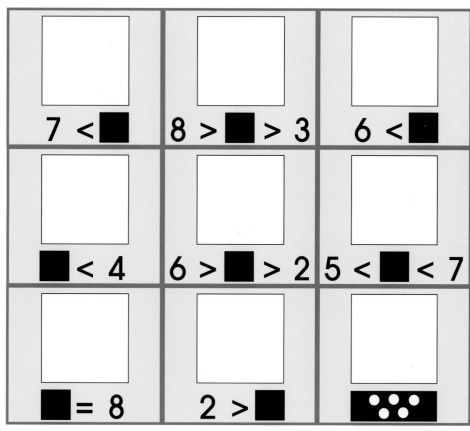

7 < ■	8 > ■ > 3	6 < ■
■ < 4	6 > ■ > 2	5 < ■ < 7
■ = 8	2 > ■	•••••

b

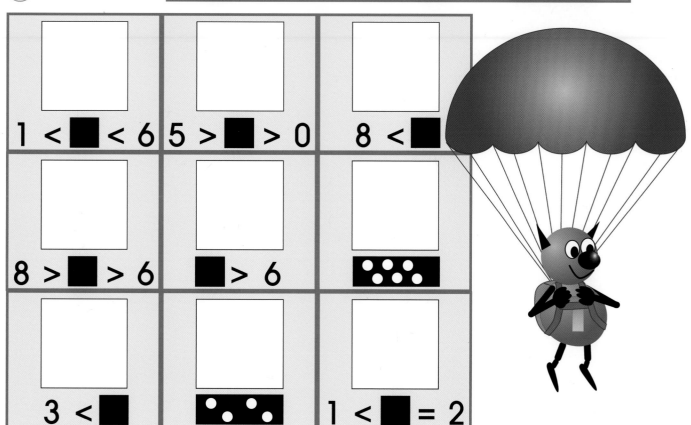

1 < ■ < 6	5 > ■ > 0	8 < ■
8 > ■ > 6	■ > 6	•••••
3 < ■	•••••	1 < ■ = 2

51

Plus haut...

La tour la plus élevée au monde a longtemps été la tour Eiffel. Elle se trouve à Paris, en France.

Aujourd'hui, c'est à Toronto, au Canada, qu'on trouve la plus haute tour au monde. C'est la tour du CN.

1

Ces constructions imposantes sont très éloignées l'une de l'autre. Comment arrive-t-on à les comparer ?

52

... plus loin !

À ton tour de mesurer des tours.
Ne te fais pas jouer de tour...

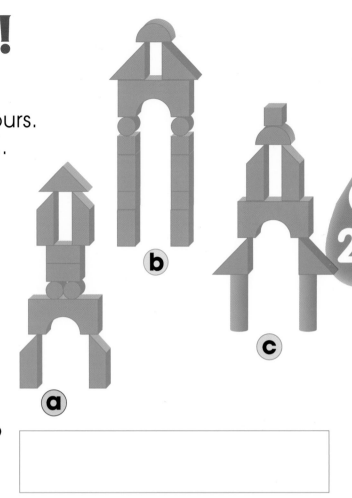

2 Au concours de la tour la plus élevée, trois élèves ont utilisé des géoblocs.
Érige les tours comme sur l'illustration.
Classe-les ensuite par ordre de hauteur.
Sers-toi des lettres *a*, *b* et *c* et des signes de comparaison.

3 Utilise le cube de ta trousse de géoblocs pour mesurer les autres blocs.

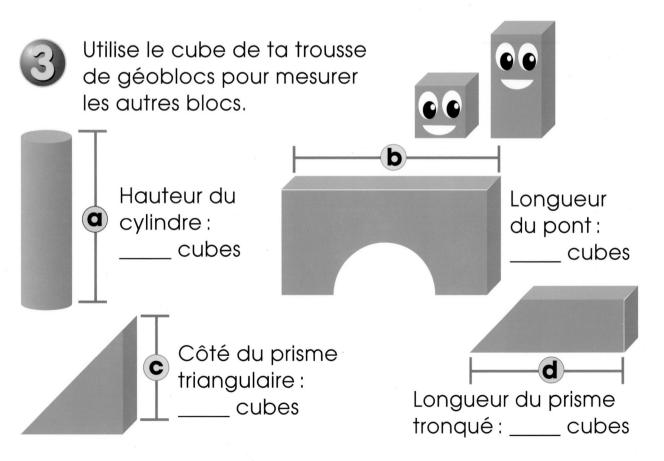

a Hauteur du cylindre : _____ cubes

b Longueur du pont : _____ cubes

c Côté du prisme triangulaire : _____ cubes

d Longueur du prisme tronqué : _____ cubes

53

Monsieur Petit-Pas a fait une promenade.
Il a laissé ses empreintes dans le sentier.

Sur la route de monsieur Petit-Pas,
quelle distance y a-t-il entre :

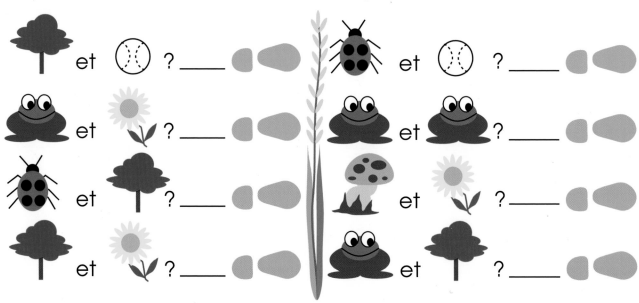

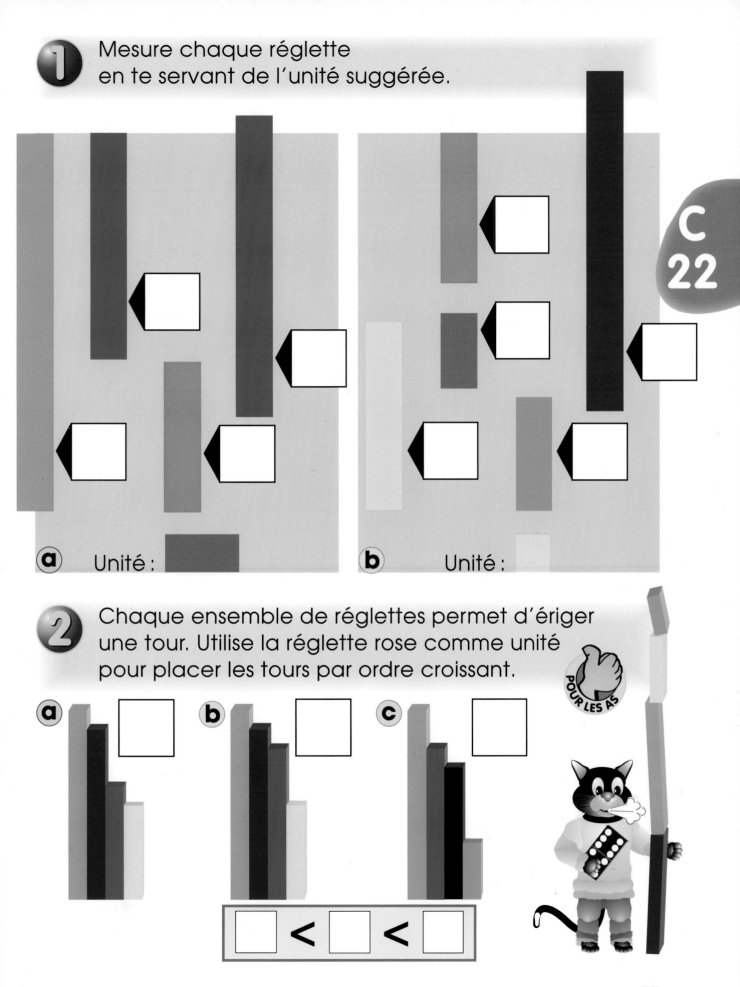

1 Mesure chaque réglette en te servant de l'unité suggérée.

a Unité :

b Unité :

C 22

2 Chaque ensemble de réglettes permet d'ériger une tour. Utilise la réglette rose comme unité pour placer les tours par ordre croissant.

a

b

c

POUR LES AS

☐ < ☐ < ☐

55

Mesure la longueur de chaque objet
à l'aide de tes centicubes.
Note le résultat en centimètres.

1 cm

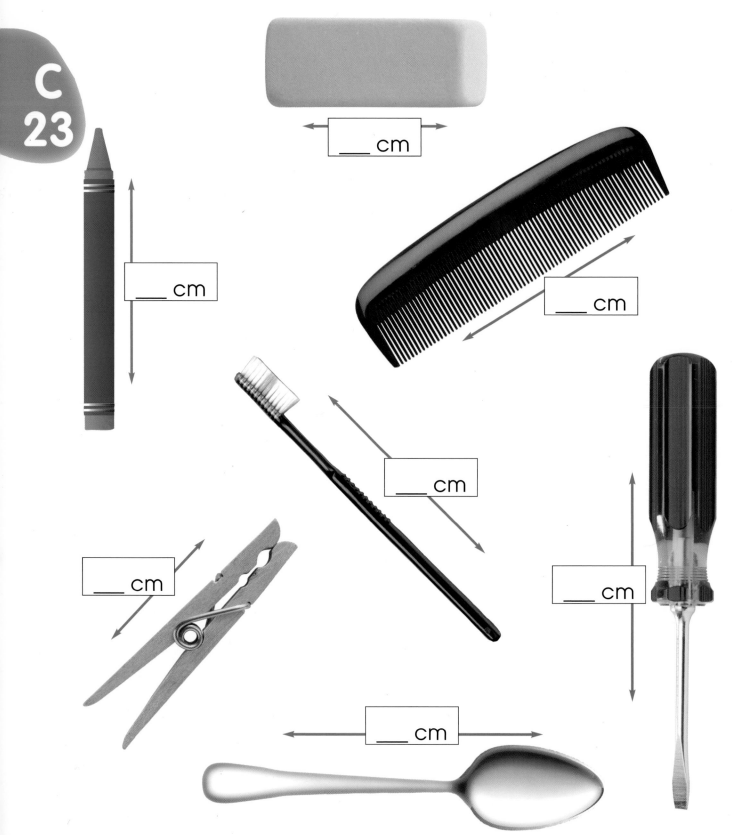

___ cm

C 23

___ cm

___ cm

___ cm

___ cm

___ cm

___ cm

Fiche complémentaire *Comparaisons 16*

La longueur que doit avoir chaque dessin est notée en centimètres. Termine chaque outil en allongeant seulement le manche.

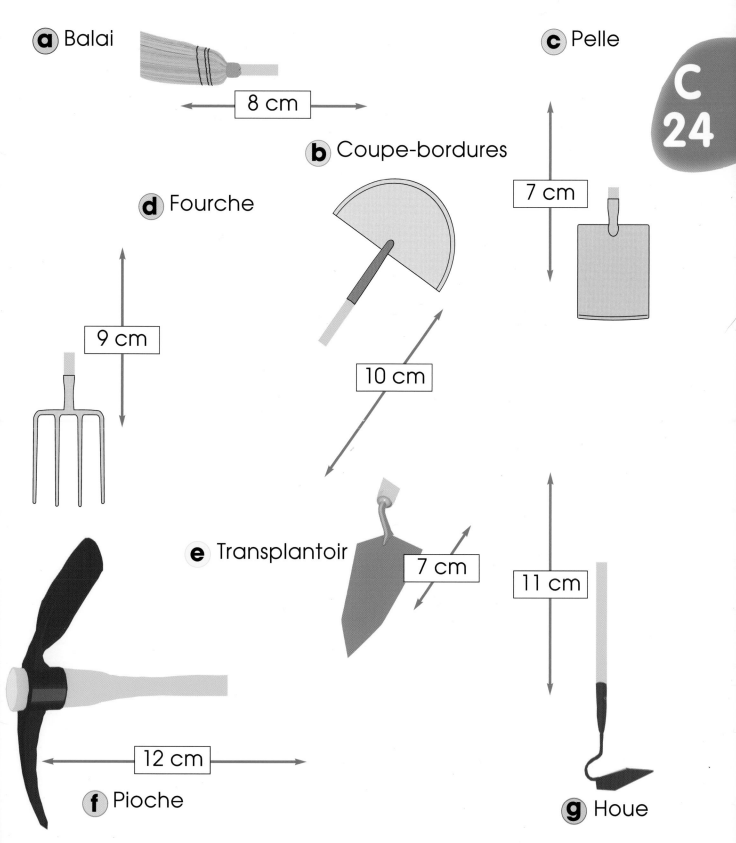

a Balai

8 cm

b Coupe-bordures

c Pelle

7 cm

d Fourche

9 cm

10 cm

e Transplantoir

7 cm

11 cm

f Pioche

12 cm

g Houe

Des escaliers, des régularités...

Grimper ou descendre l'escalier, ça donne le goût de compter...

Et qui sait où tout cela peut nous mener ?

1 Complète les dessins et les suites.

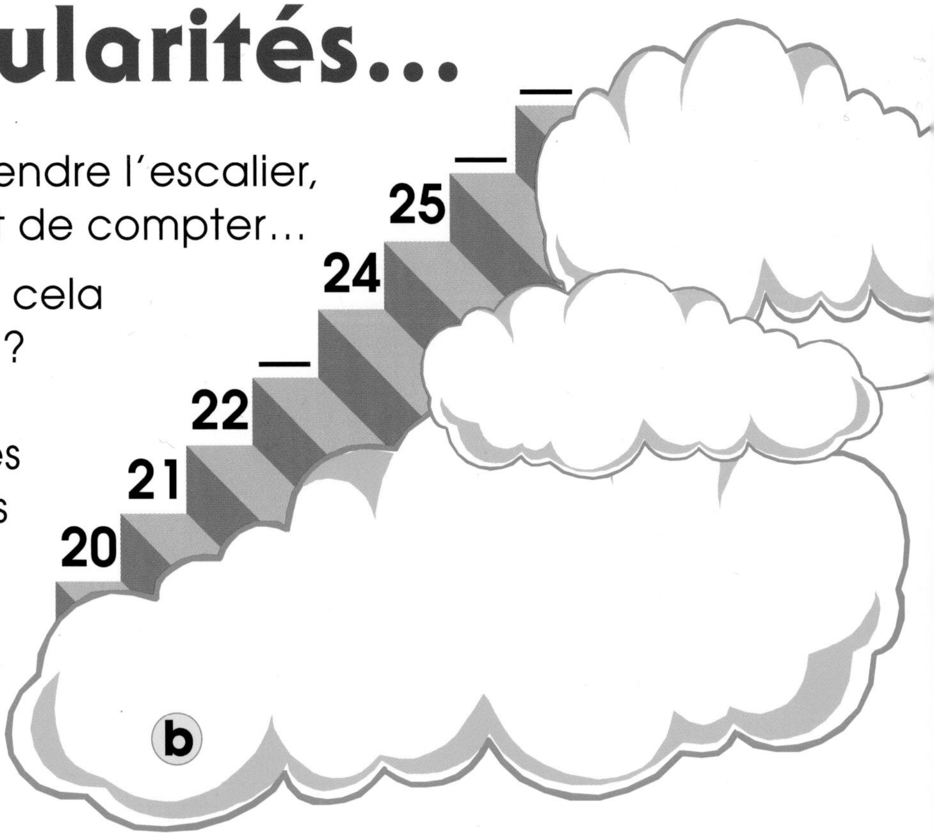

25
24
22
21
20

a
4
2
1
0

b

c
5
3
1

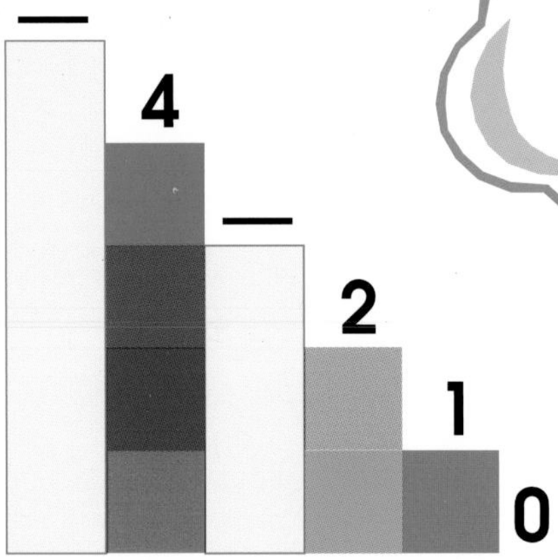

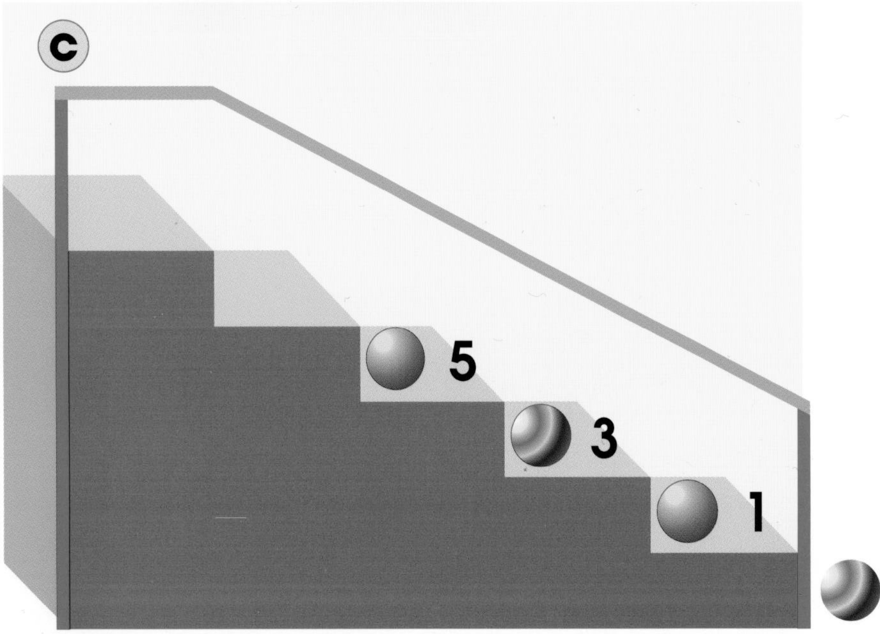

d
6
4
2

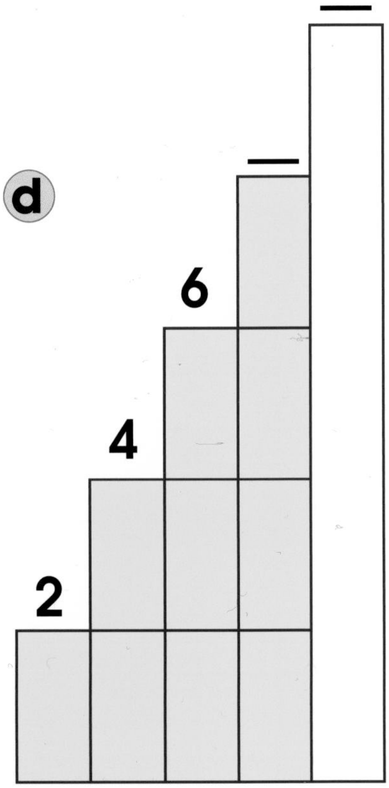

... et ainsi de suite

On trouve partout des suites et des régularités. Les plus anciennes sont à l'origine du calendrier…

mai

Dimanche	Lundi	Mardi	Mercredi	Jeudi	Vendredi	Samedi
1 ●	2			5	6	
8 ◐	9	10	11		13	14
15	●	17	18	19		21
	23	24 ◐		26	27	
29		31 ●	Écris dans les cases les nombres qui ont été oubliés.			

2 Écris dans les cases les nombres qui ont été oubliés.

3 Ajoute deux mots à cette suite :
jeudi, vendredi, samedi, _____, _____.

4 Complète cette suite qu'on retrouve sur plusieurs calendriers.

1 Des suites de nombres ont été placées
sur les marches des escaliers.
Écris les nombres qui manquent.

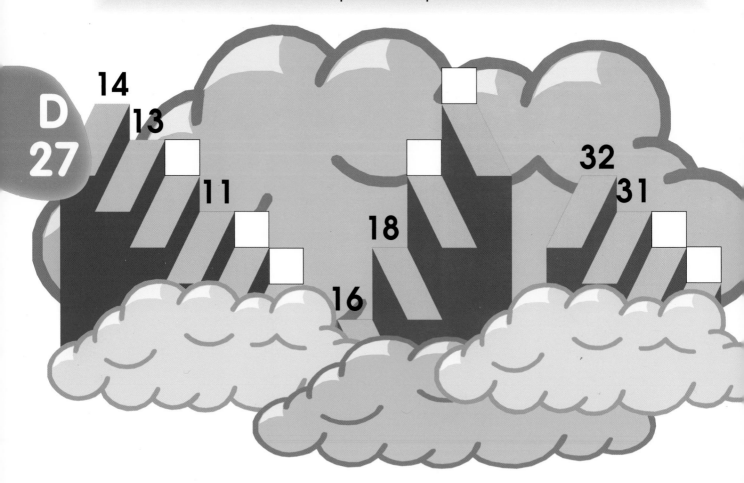

D 27

14
13
☐
11
☐
☐
16

☐
☐
18

☐
32
31
☐
☐

2 Les marches de chaque escalier
progressent par bonds de 1.
Ajoute les nombres et les escaliers qui manquent.

a 2, ___, 4

b 2, ___, 0

c 7, ___, 5

d 6, ___, 8

e 1, ___, 3

f 5, ___, 3

1 Voici des objets comportant des règles numériques.
Indique les nombres qui manquent sur ces règles.

a °C

⬜ 40
⬜
⬜ 20
⬜ 10
⬜

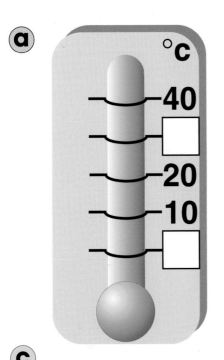

b PÉTRO-PLUS

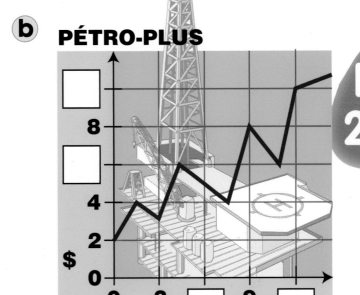

⬜
8
⬜
4
$ 2
0
0   3   ⬜   9   ⬜
mois

D
28

c

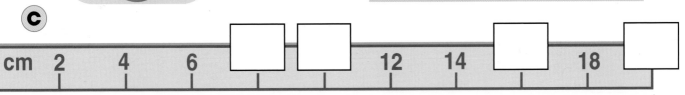

cm   2   4   6   ⬜ ⬜   12   14 ⬜   18 ⬜

2 Les marches de chaque escalier
progressent par bonds de 1.
Ajoute les nombres qui manquent.

a ___, 4, ___

b ___, 7, ___

c ___, 6, ___

d ___, 9, ___

e ___, 1, ___

f ___, 12, ___

1 Voici des suites pour t'en faire voir de toutes les couleurs... Complète-les.

a 9, 8, 7, 6, 5, 4, ___, ___, ___

b
| 1 | 2 | 2 | 3 | 4 | 4 | 5 | 6 | | |

c 1, 2, 2, 3, 3, 3, ___, ___, ___, ___, ___

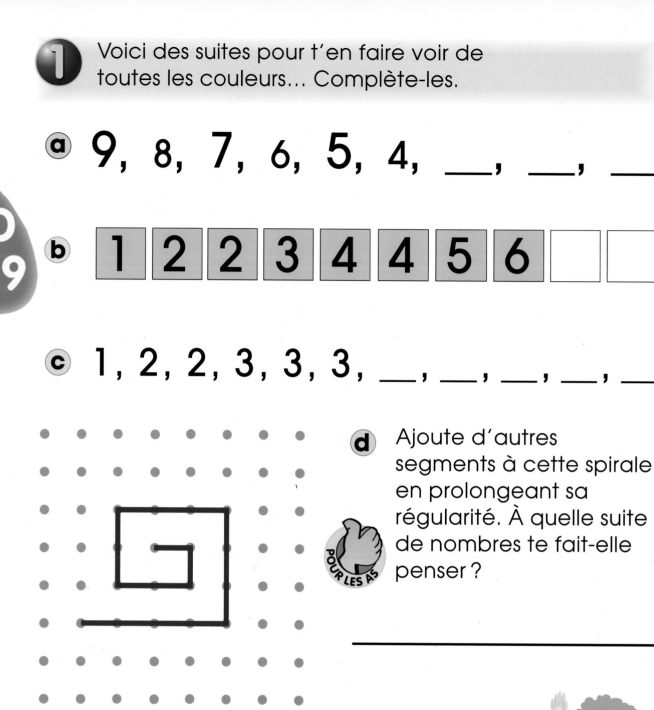

d Ajoute d'autres segments à cette spirale en prolongeant sa régularité. À quelle suite de nombres te fait-elle penser ?

POUR LES AS

_____

2 Invente une suite croissante de sept nombres. Efface ensuite les deux derniers nombres. Soumets ton problème à tes camarades.

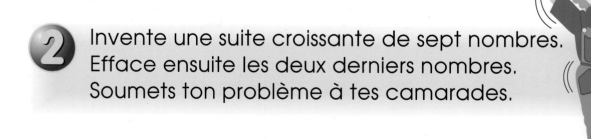

_____

1 Aimerais-tu montrer à compter à ta calculette ?
Facile ! Exécute cette suite de touches et tu verras...

| 0 | + | 1 | = | = | = | = | ...|

Ta calculette sait maintenant compter par bonds de 1 à partir de 0 !

Jusqu'où peut-elle se rendre ?

_____

2 Voici une autre suite de touches :

| 6 | 0 | + | 1 | = | = | = | ...|

Avant de l'exécuter, prédis ce que ta calculette va faire. _____

Va jusqu'à 100.

3 Découvre la suite de touches qui permet à ta calculette de :

POUR LES AS

a compter par bonds de 2 à partir de 0 ;

| | | | | | | | ...|

b compter par bonds de 10 à partir de 50 ;

| | | | | | | | ...|

c compter à reculons, à partir de 10, par bonds de 1.

| | | | | | | | ...|

Une surprise t'attend...

D
30

Valses et promenades...

Dans sa danse autour du Soleil, la Terre valse sur son axe.
Ce va-et-vient engendre les saisons...

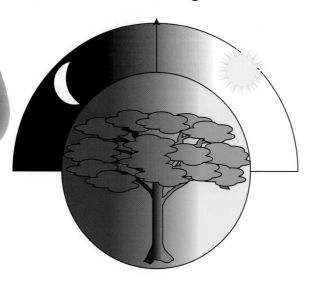

Vers le 21 mars, le jour dure 12 heures ; la nuit, aussi. C'est l'équinoxe de printemps.

Vers le 21 juin, le jour dure environ 16 heures ; la nuit ne dure que 8 heures. C'est le solstice d'été.

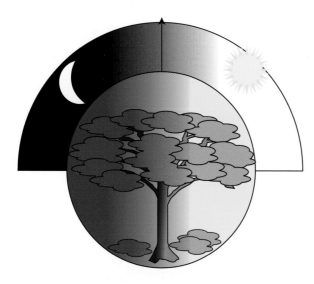

Vers le 21 septembre, le jour dure 12 heures ; la nuit, aussi. C'est l'équinoxe d'automne.

Vers le 21 décembre, le jour dure environ 8 heures ; la nuit règne pendant 16 heures. C'est le solstice d'hiver.

... dans l'espace-temps !

La Terre pourrait bien cesser de tourner, cela ne changerait rien au pas tranquille d'Allegro, l'escargot...

1 Allegro se déplace à la vitesse de un mètre à l'heure. Combien mettrait-il de temps à traverser la pièce où tu te trouves présentement ? _____ heures.

Sur son chemin, Allegro, l'escargot, dépasse Allegretto, la chenille. Cette dernière ne parcourt qu'un centimètre à l'heure...

Encore un fou de la route !!!

2 Combien de temps faut-il à Allegretto pour franchir la distance entre la borne-fontaine et le parcomètre ? _____ heures.

3 Complète la flèche montrant le chemin qu'aura parcouru Allegretto dans 12 heures.

65

1 Chaque flèche montre un trajet parcouru par la chenille Allegretto. Combien d'heures lui a-t-il fallu pour chacun ?

Je parcours 1 cm à l'heure…

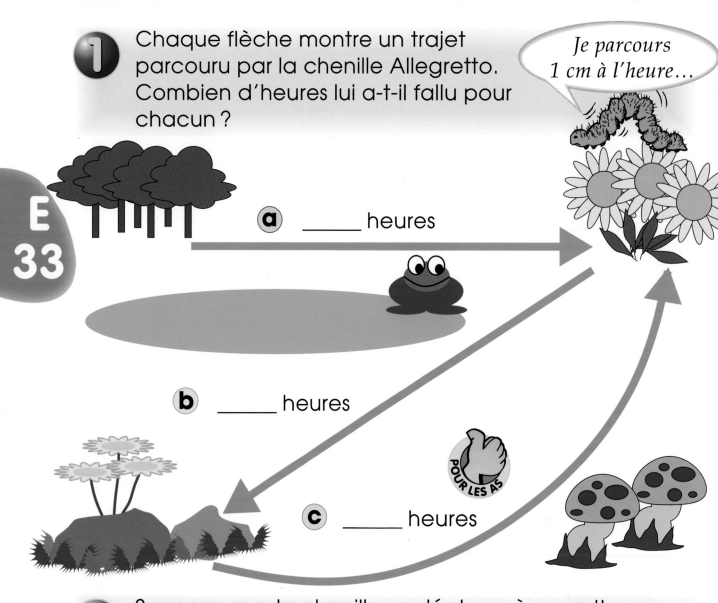

E 33

a _____ heures

b _____ heures

c _____ heures

POUR LES AS

2 Suppose que la chenille se déplace à son rythme habituel. Quelle distance franchira-t-elle durant le nombre d'heures mentionné ? Dessine une flèche de la bonne longueur.

a Déplacement qui dure 14 heures

b Déplacement qui dure 12 heures

c Déplacement qui dure 10 heures et demie

POUR LES AS

Chaque cas décrit une promenade d'Allegretto.
Ajoute les renseignements qui manquent.

a

Partie à :

Son parcours :

Arrivée à :

b

Partie à :

E 34

Son parcours :

Arrivée à :

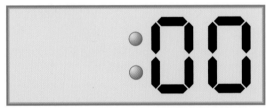

c

Partie à :

Son parcours :

Arrivée à :

d

Partie à :

Son parcours :

Arrivée à :

Le cadran et l'horloge d'une même
section doivent indiquer la même heure.
Dessine ce qui manque.

E 35

a :00

b :00

c 11:00

d 15:00

POUR LES AS

Fiche complémentaire *Comparaisons 26*

Jeux d'addition

Des doigts et des objets...

Dans la vie de tous les jours, il faut résoudre des problèmes très variés.

Six élèves sont montés dans cet autobus. Quatre en sont redescendus. Combien d'élèves sont encore dans l'autobus ?

A 1

Il y a 5 poissons dans ce bocal. Combien sont cachés ?

La locomotive est-elle plus longue que les deux wagons placés bout à bout ?

Pour résoudre ces problèmes, faudra-t-il monter dans l'autobus, plonger la main dans le bocal et se rendre à la gare ?

70

... pour faire comme si...

Mais non ! Le secret, c'est de jouer à «faire comme si...», le jeu préféré de Caboche.

4

Avec des jetons, Caboche peut résoudre le problème de l'autobus.
Entoure les jetons qui remplacent les élèves demeurés dans l'autobus.

A 2

5

Caboche utilise ses doigts pour trouver le nombre de poissons cachés dans le bocal. Colorie les doigts qui les représentent.

6

C'est en se servant de ses réglettes que Caboche a résolu le problème du train. Entoure celle qui lui rappelle la locomotive.

Dessine toutes les façons différentes de répartir
5 pièces de monnaie dans tes deux mains.
Trace des petits cercles.

A 3

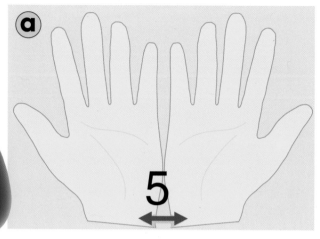

a

5

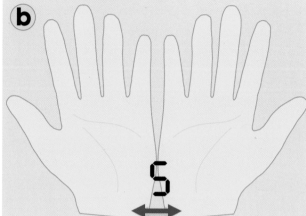

b

5

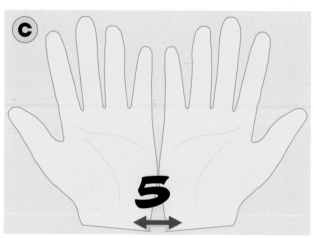

c

5

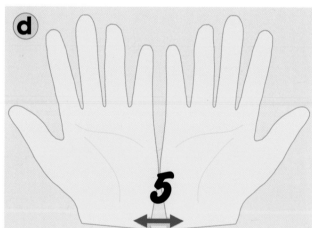

d

5

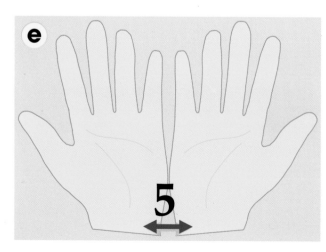

e

5

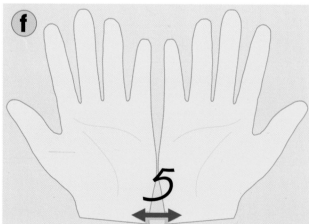

f

5

Dans chaque arbre, il y a deux
nids contenant 3 oeufs en tout.
Dessine toutes les façons
différentes de répartir les oeufs.

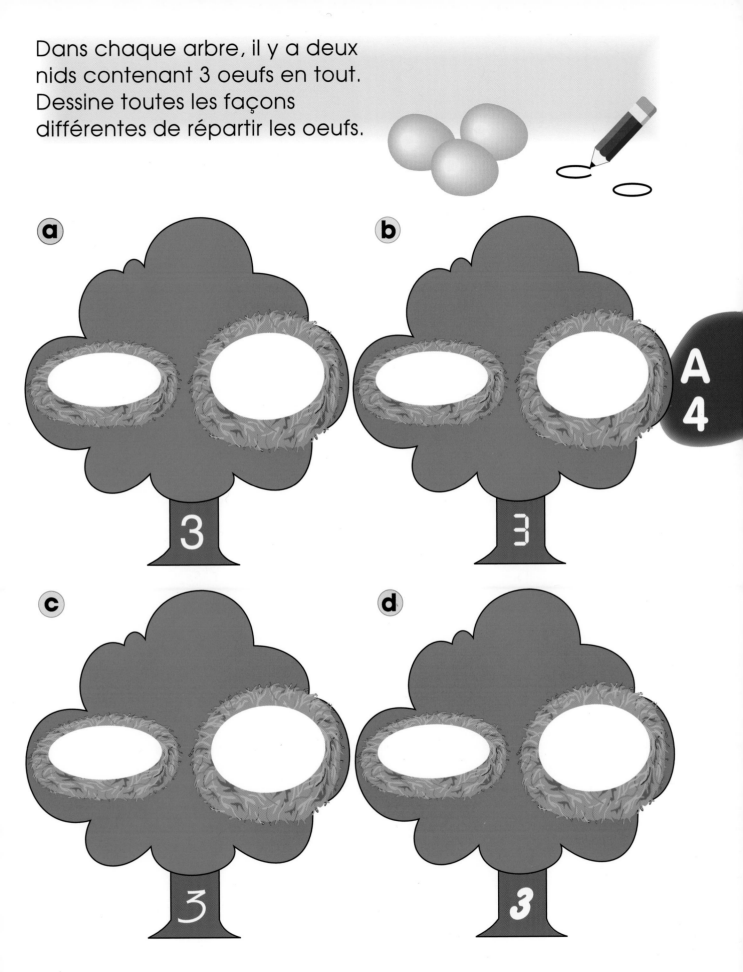

Dessine toutes les façons
différentes de répartir 6 livres sur
les deux tablettes d'une étagère.
Trace des rectangles.

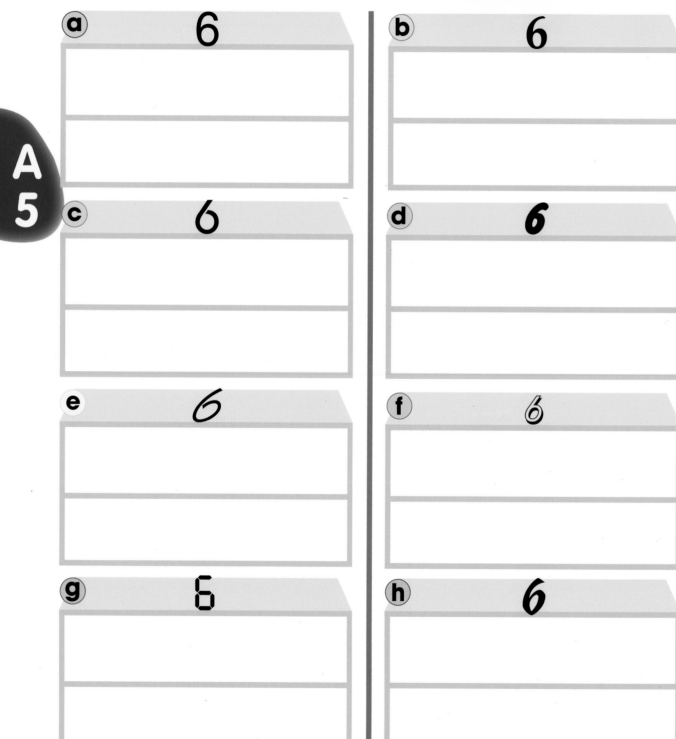

a   6

b   6

c   6

d   6

e   6

f   6

g   6

h   6

Dessine toutes les façons différentes de répartir 7 voiliers sur les deux bras de la rivière. Trace des triangles.

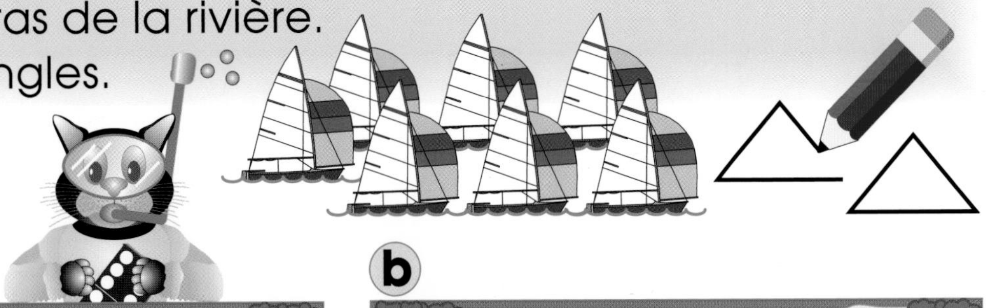

a

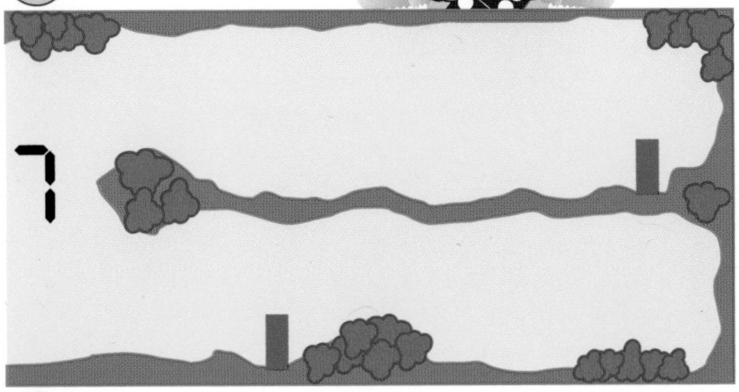

7

b

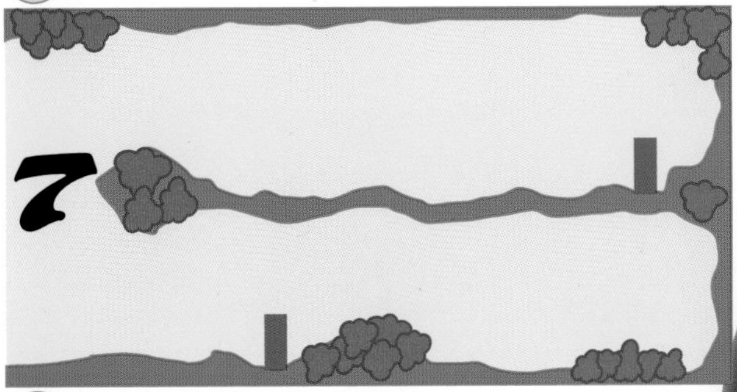

7

c

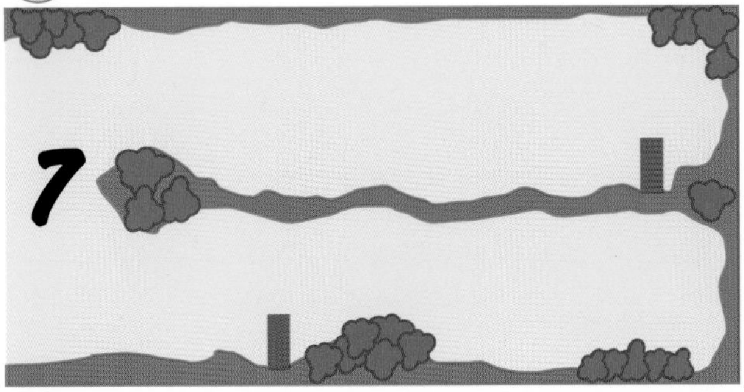

7

d

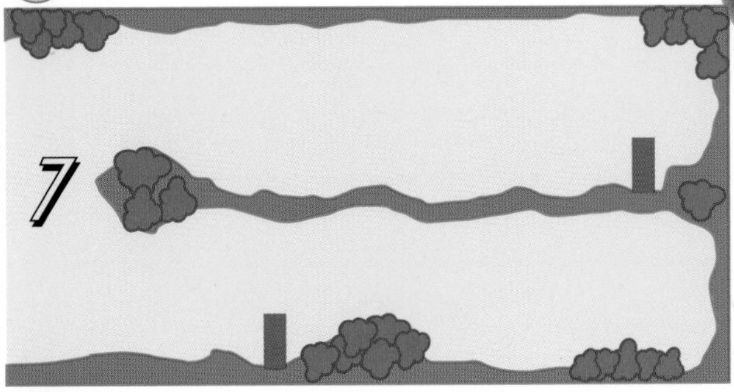

7

e

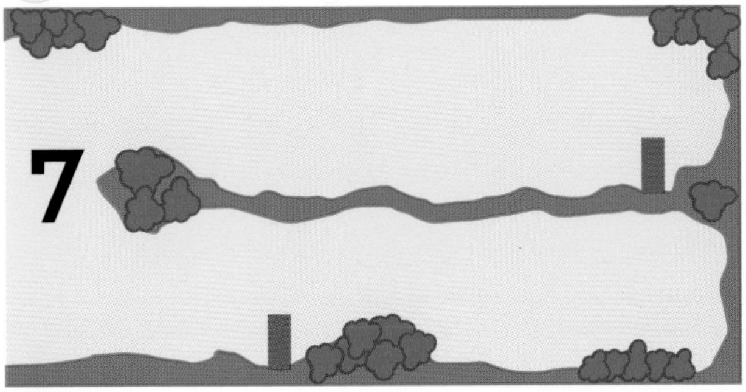

7

f

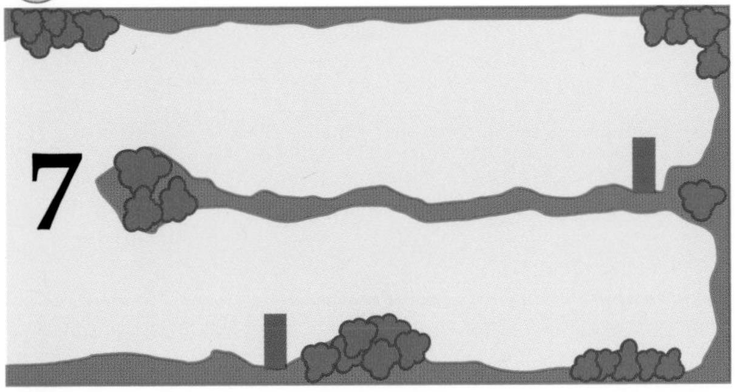

7

g

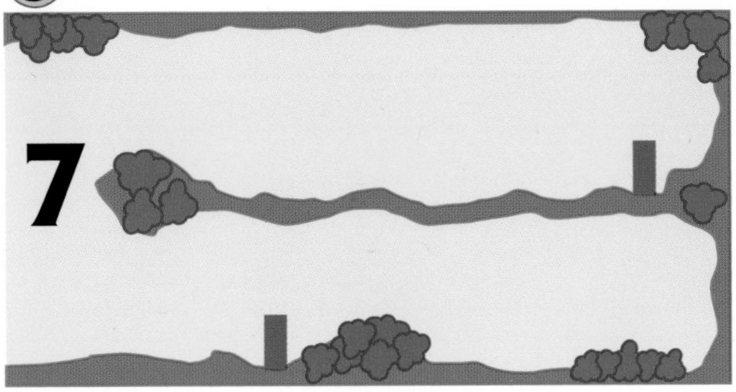

7

h

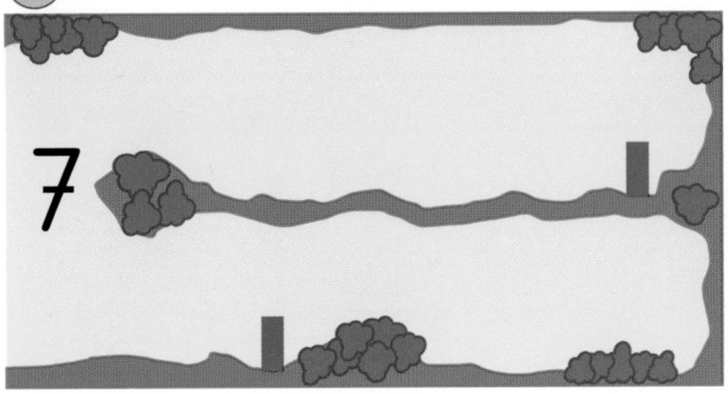

7

A
6

Dessine différentes façons de répartir 8 fleurs dans les trois pots placés sur la table.
Trace des étoiles.

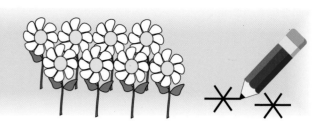

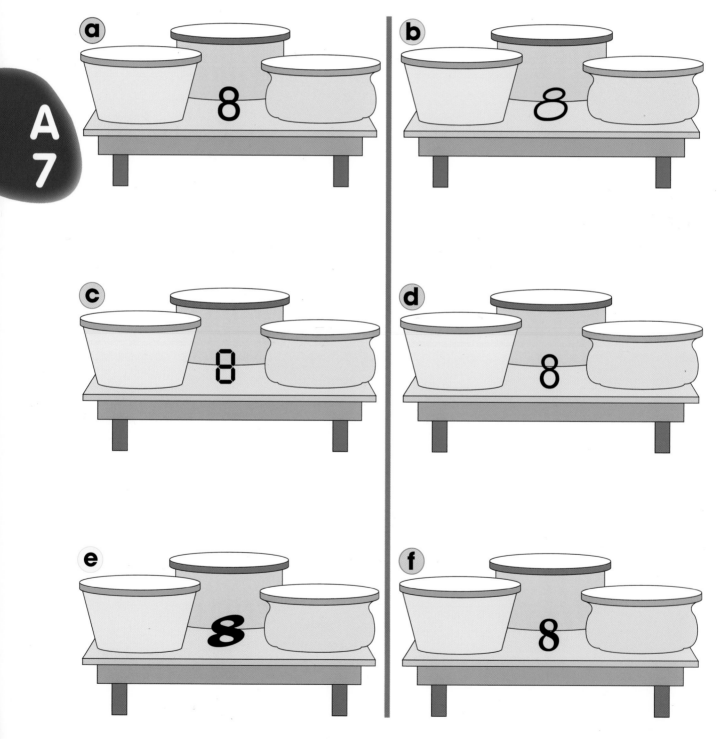

Neuf personnes sont
montées dans chaque train.
Trouve différentes façons
de les répartir dans les trois
wagons.

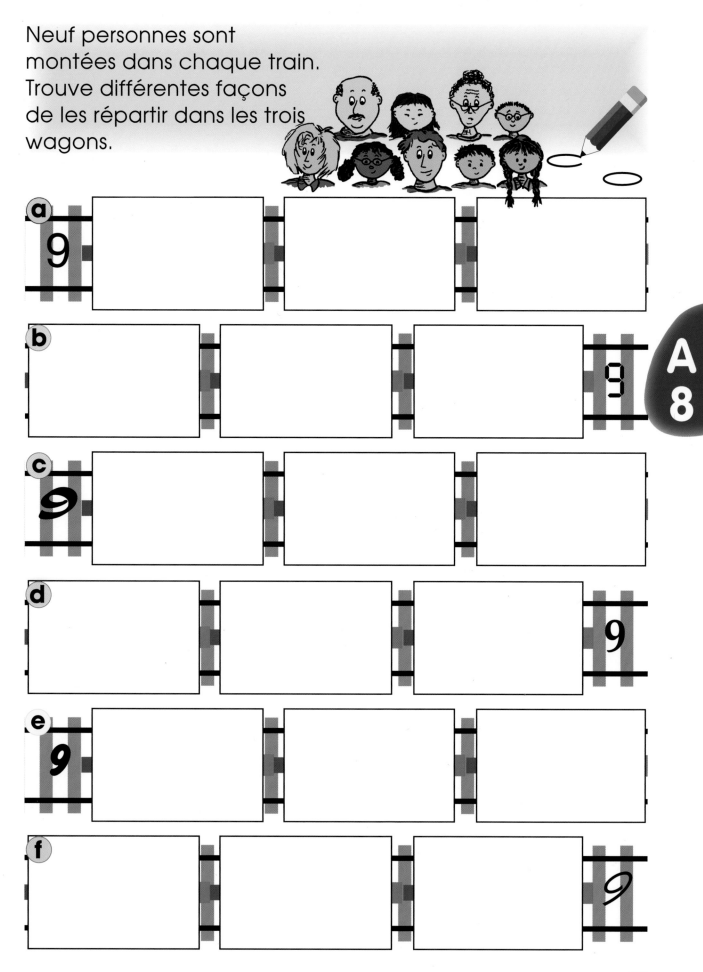

a) 9

b) 9

c) 9

d) 9

e) 9

f) 9

A 8

Sur chaque carte, dessine un cercle pour chaque figure qui a été effacée par Domino.

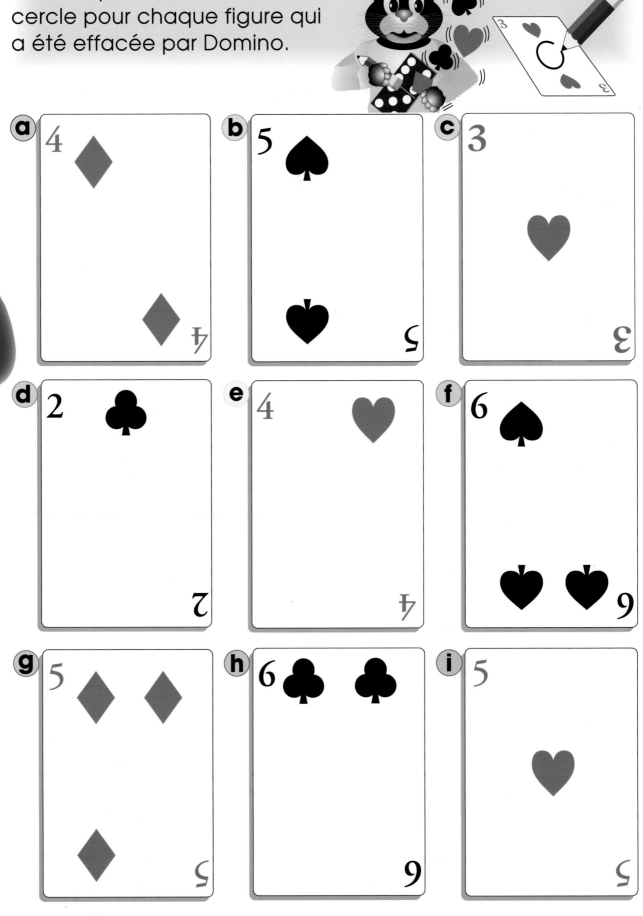

Chaque domino montrait 8 points.
Ajoute les points qui ont été effacés
sur chaque moitié par tu sais qui...

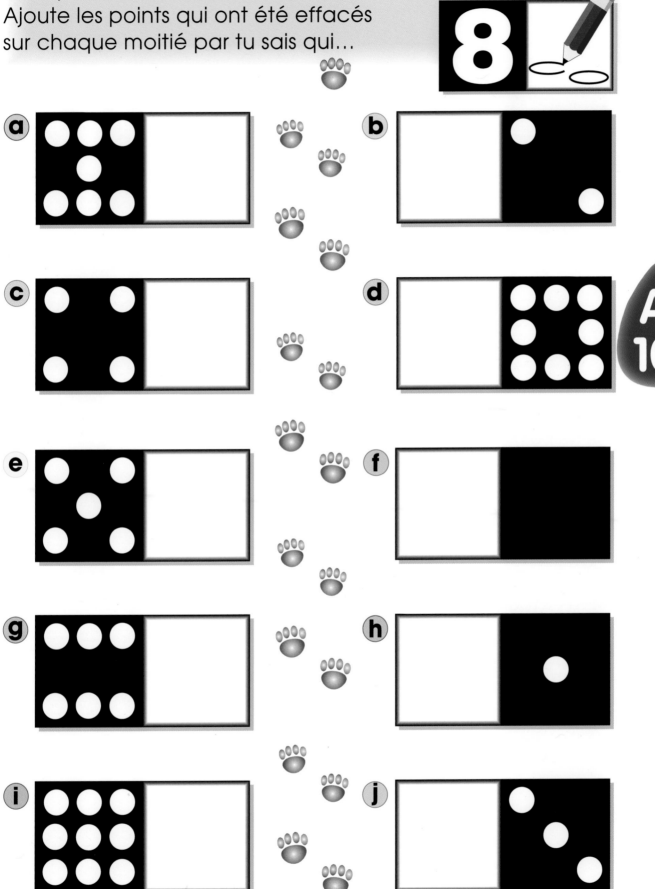

Fiche complémentaire *Jeux d'addition 3*

Écris un chiffre pour indiquer le nombre de figures cachées sur chaque carte.

POUR LES AS

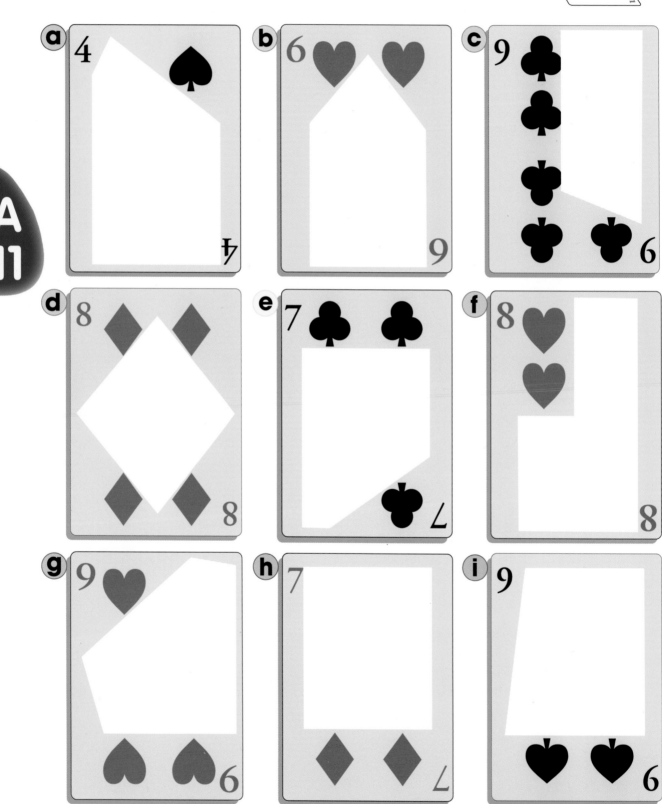

Le nombre de personnes dans
chaque train est écrit sur la locomotive.
Sur les wagons, on a aussi noté
combien de personnes y sont montées.
Écris les renseignements qui manquent.

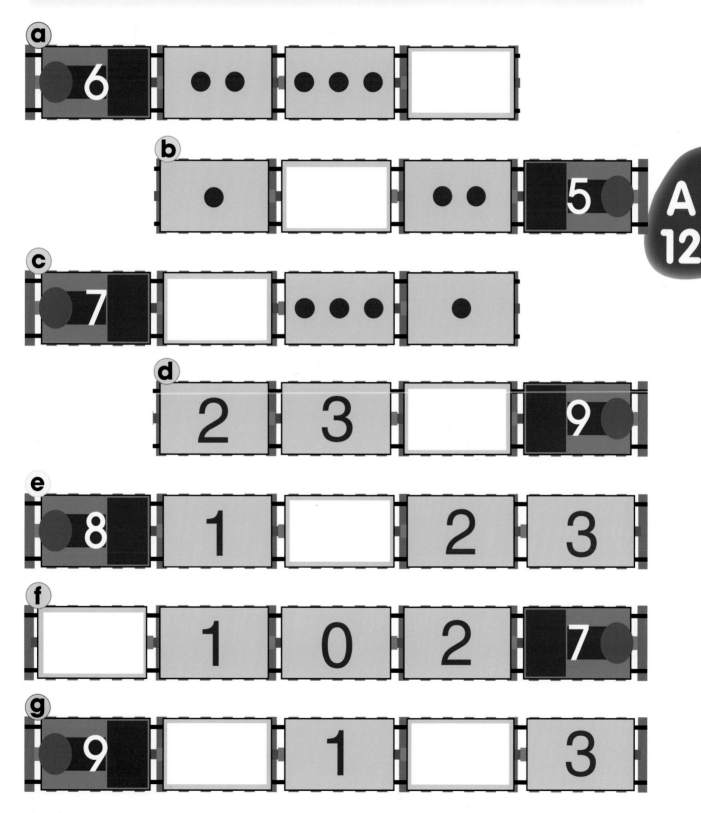

Collation...

Les Jaloux forment une famille nombreuse et spéciale...
Chez eux, la tension monte facilement. Chaque partage suscite beaucoup d'intérêt. Justement, maman et papa Jaloux sont attablés avec les jumeaux Victor et Vicky.
Il reste seulement quelques craquelins.

B 13

1 Quel partage leur proposes-tu ?

Moi aussi, j'en veux !

2 Les Jaloux vont-ils être contents si on leur distribue ces quatre bâtons de réglisse ?

3 Trouve comment découper un gâteau carré pour les satisfaire tous les quatre.

... chez les Jaloux !

4 Pour l'Halloween, grand-maman Jaloux prépare des sacs de cacahuètes pour les enfants.
Ève préférerait avoir le sac d'Adam, Lison aussi. Léo dit que tous les autres ont reçu plus de cacahuètes que lui…
Qui a raison ?

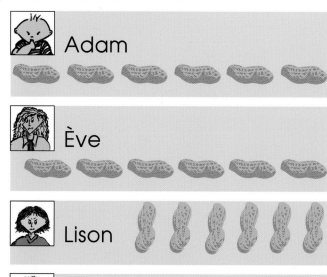

Adam

Ève

Lison

Léo

B 14

5

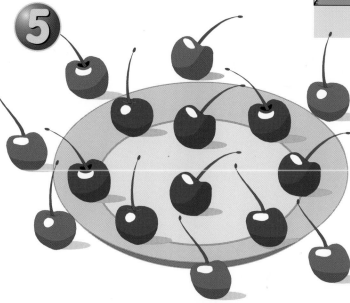

Papa et maman Jaloux adorent les cerises.
Maman prend les cerises rouges.
Papa mange les cerises vertes.
Le partage est-il juste ?

6 Prends autant de centicubes qu'il y a ici de morceaux de fromage.
Partage-les dans ces assiettes pour ne pas faire de jaloux…
Dessine ton partage.

Encercle les partages qui rendront les Jaloux heureux.
Fais un X sur ceux à éviter...

a

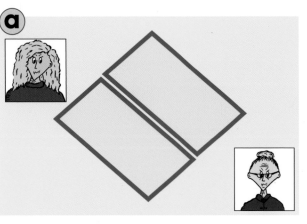

b

c

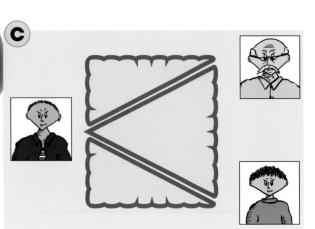

d

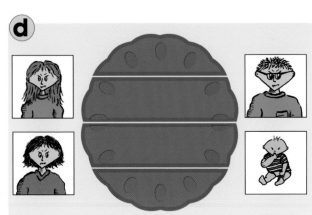

Partage chaque pâté pour satisfaire
les Jaloux qui en veulent.

POUR LES AS

a

b

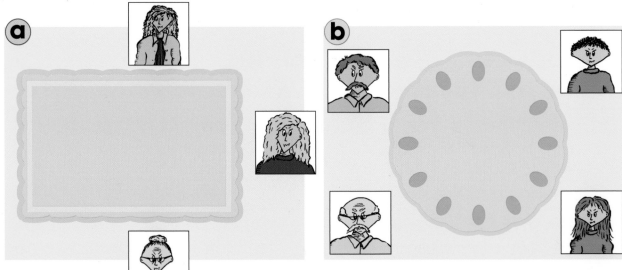

Voici une bien mauvaise façon de partager
une tablette de chocolat entre deux Jaloux...
Essaie de faire mieux.
Aide-toi de tes centicubes.

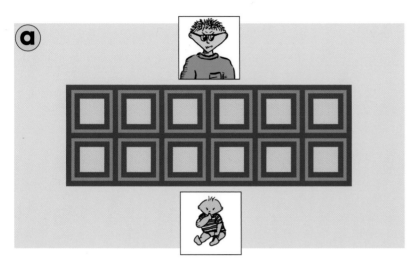

1 Dans leur tirelire, des Jaloux ont trouvé quelques pièces de 1 ¢. Colorie les pièces dans le diagramme pour comparer leurs avoirs. Aide-toi des indices.

Voici mes pièces…

J'en ai autant que les jumeaux ensemble.

J'en ai une de moins que ma soeur.

Je n'en ai que 2…

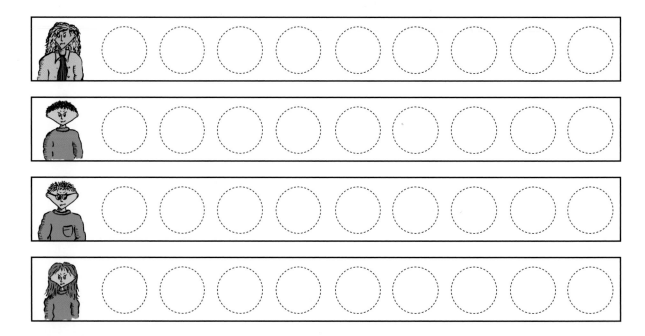

2 Quelles pièces faudrait-il déplacer pour partager ce lot en parts égales ?
Montre-le avec des flèches sur le diagramme.

POUR LES AS

Chaque cadre montre le prix payé pour des autocollants.
Associe chaque autocollant et son prix en les entourant.
Aide-toi de tes jetons.

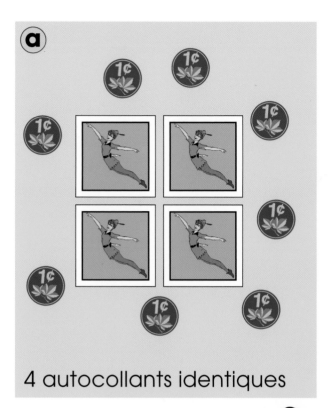

a

4 autocollants identiques

b

L'autocollant « Sourire »
coûte plus cher que l'autre.

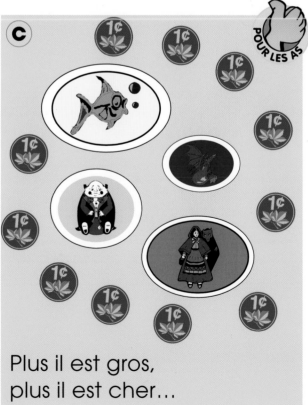

c

Plus il est gros,
plus il est cher…

d

Aucun ne coûte 1 ¢.
Plus l'autocollant a de
côtés, plus il est cher.

B
18

87

Des nombres...

Au jeu de Padatou, les figures valent zéro point. Toutes les autres cartes valent leur nombre de points.

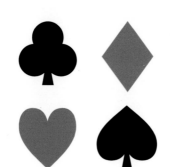

C 19

Cette main de 6 points contient une « paire » d'as.

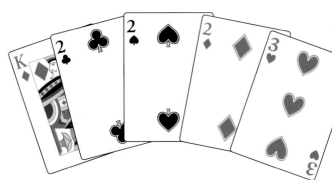

Cette main de 9 points contient un « brelan » de deux.

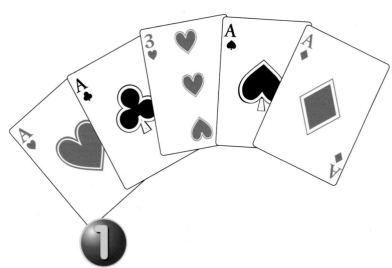

1 Décris le contenu de cette main.

Elle vaut _____ points.

2 POUR LES AS

Complète la description. Cette main de 9 points contient :

une paire _____

et un brelan _____.

... à la carte !

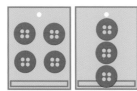

Voici une petite entreprise où l'on assemble des cartes de boutons. Les gens qui y travaillent connaissent bien leur métier…

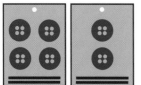

Oh non !… Pas comme ça !

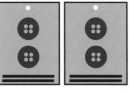

Du beau travail !

Sur des cartes identiques, il faut toujours placer un nombre égal de boutons.

C 20

3 Comment répartirais-tu 6 boutons sur ces 3 cartes ? Dessine-les.

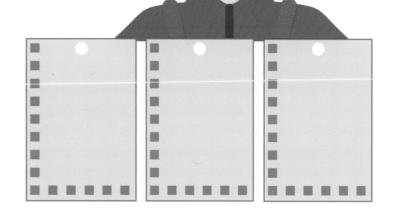

4 Caboche a très bien distribué 8 boutons roses sur ces cartes. Dessine-les.

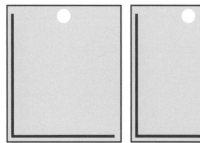
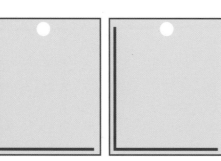

Prends autant de jetons qu'il y a de boutons ci-dessous.
Place-les tous sur un groupe de trois cartes.
Dessine toutes les possibilités.

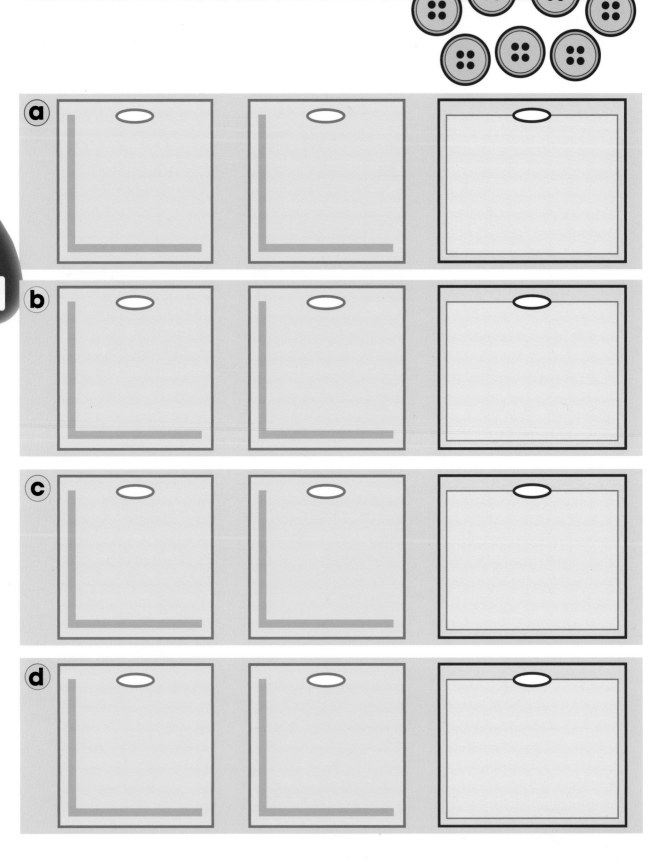

Fiche complémentaire *Jeux d'addition 6*

Trouve toutes les façons d'obtenir
douze points avec un brelan et
une paire au jeu de Padatou.
Utilise tes centicubes.
Dessine des cercles sur les cartes.

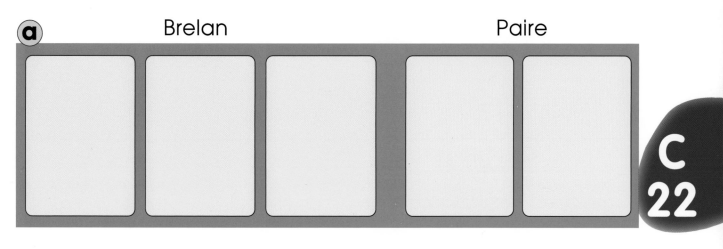

a   Brelan   Paire

C 22

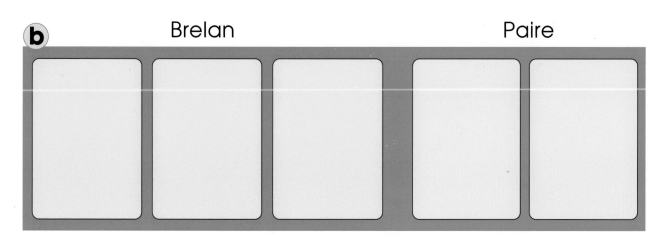

b   Brelan   Paire

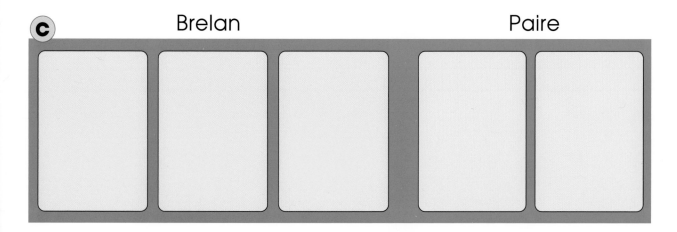

c   Brelan   Paire

Pour chaque encadré, indique combien de boutons devraient être posés sur chaque carte. Le nombre total de boutons est indiqué au-dessus.

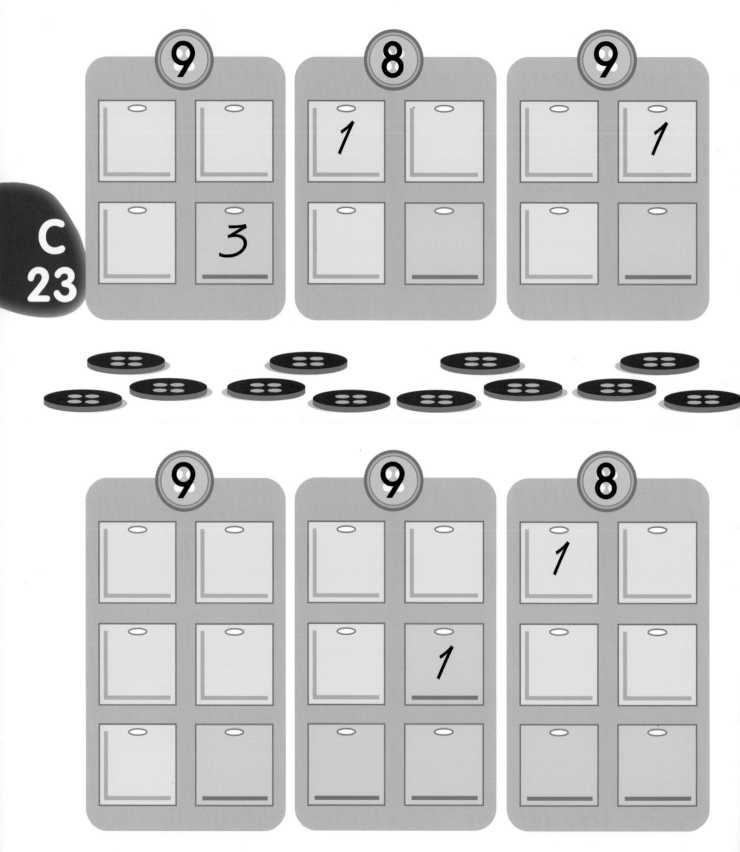

Des guichets...

Les caisses et les banques sont des lieux où se déroulent quotidiennement des milliers d'opérations mathématiques.

Que font tous ces gens qui y travaillent ?
Et les clientes et les clients, que viennent-ils y faire ?

... mathématiques

Troublefête se prépare à effectuer quelques transactions.
Le jeu des banquiers, c'est du sérieux !

Banque d'Amérique

Caisse centrale

Guichet automatique

$ 2

LES GUICHETS

LES COMPTABLES

Écris l'opérateur qui correspond à chaque pictogramme.

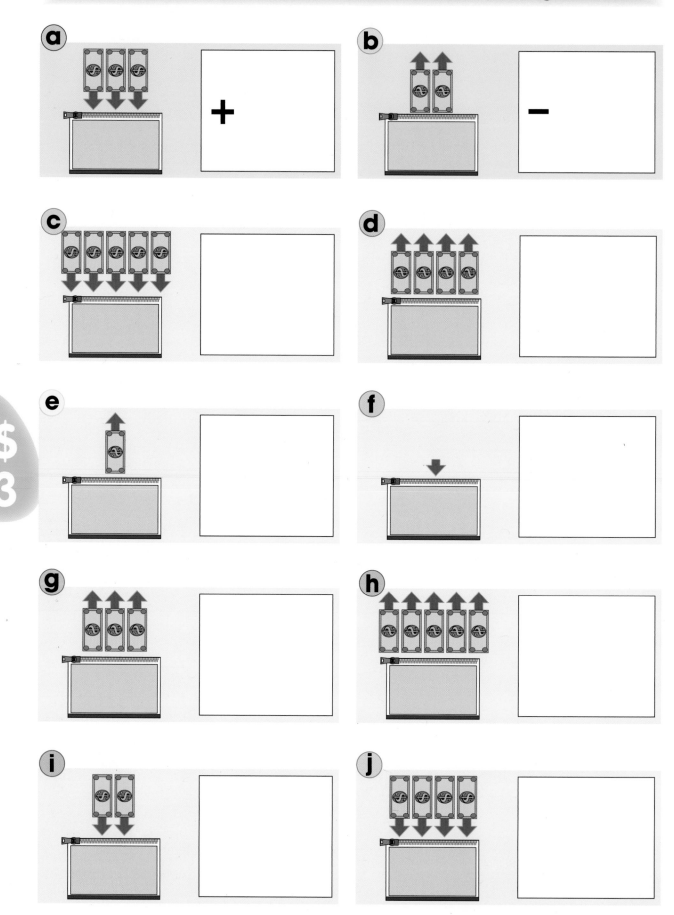

a +

b −

c

d

e

f

g

h

i

j

$3

Entoure le pictogramme qui correspond à chaque opérateur placé à gauche.

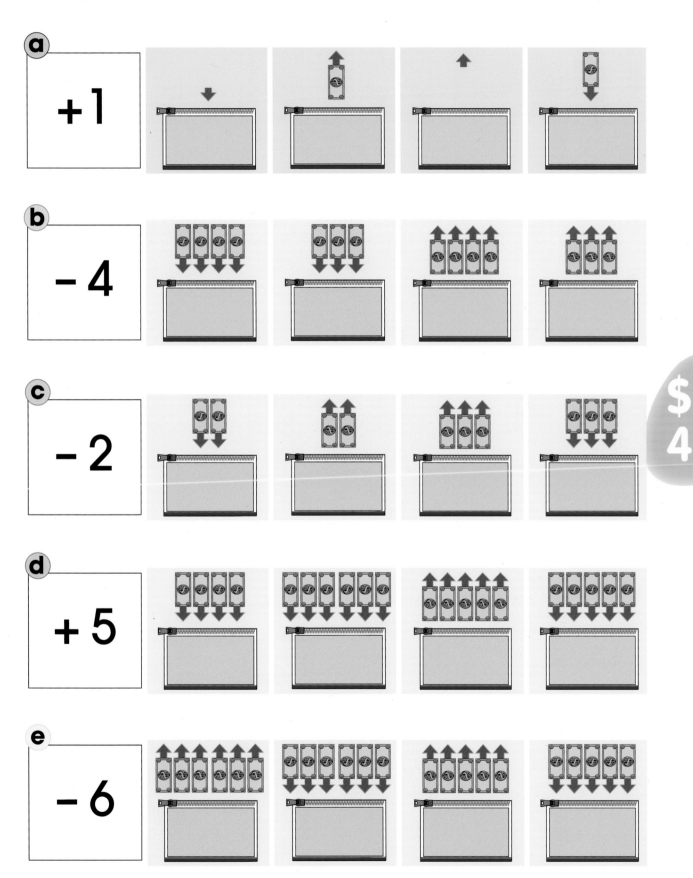

a +1

b − 4

c − 2

d + 5

e − 6

97

1

Complète chaque phrase imagée.
Utilise tes billets.

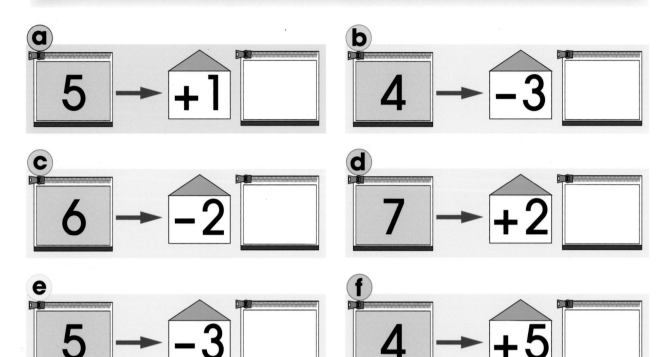

a 5 → +1 ☐

b 4 → −3 ☐

c 6 → −2 ☐

d 7 → +2 ☐

e 5 → −3 ☐

f 4 → +5 ☐

2

L'information de certains guichets est cachée.
Retrouve-la en utilisant tes billets.

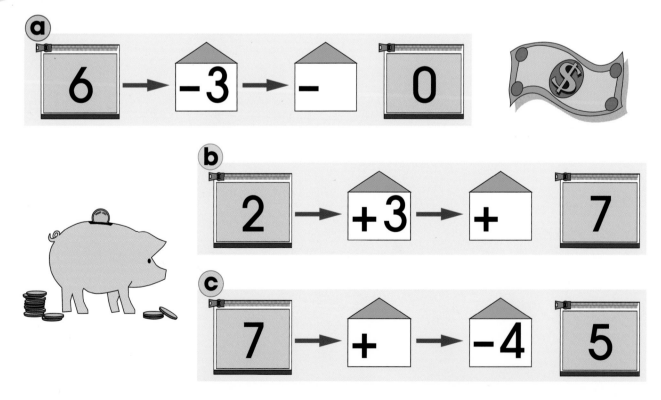

a 6 → −3 → − 0

b 2 → +3 → + 7

c 7 → + → −4 5

Fiche complémentaire *Les banquiers 3*

Parmi les guichets proposés, entoure ceux qui conviennent.

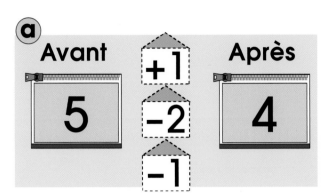

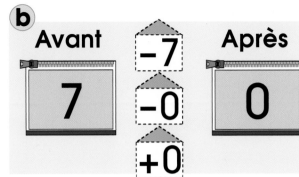

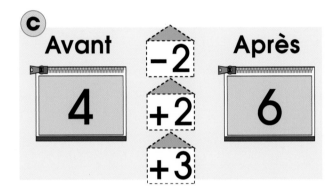

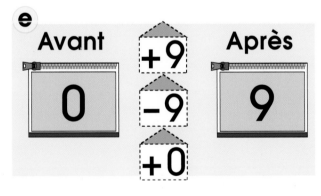

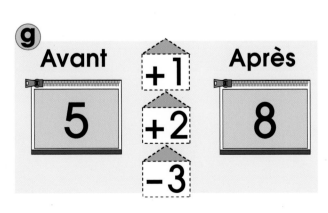

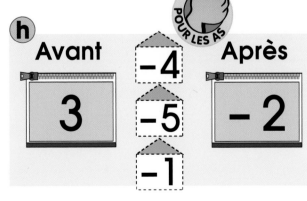

99

Chaque phrase imagée raconte des visites à différents guichets.
Complète ces phrases en utilisant tes billets.

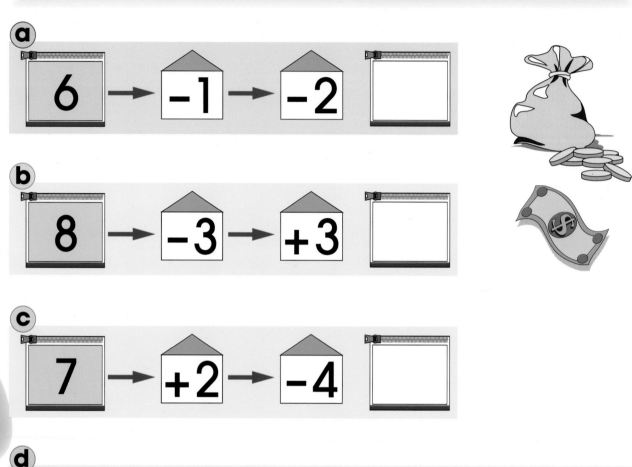

a 6 → −1 → −2 → ☐

b 8 → −3 → +3 → ☐

c 7 → +2 → −4 → ☐

d 5 → −2 → +0 → −1 → ☐

e 2 → +3 → −4 → +2 → ☐

f POUR LES AS 4 → −1 → −2 → −3 → ☐

100

Parmi les nombres 0, 1, 2, 3, 4, 5, 6, 7, 8 et 9, choisis celui qui complète chaque visite.

a 5 → − 2

b ☐ → +4 7

c ☐ → +3 4

d 6 → + 3

e 8 → − 0

f ☐ → −5 −1

$8

 Complète ces phrases imagées.
Vérifie tes réponses avec ta calculette.

a 8 → − → −2 2

b 3 → +5 → + → −1 9

c ☐ → +1 → −3 → +4 7

101

Voici plusieurs guichets.
Utilise-les pour compléter les phrases imagées.

 −4   −3   −2   +1   +3   +5

a

3 → ⌂ → ⌂ → 3

b

8 → ⌂ → ⌂ → 6

c

5 → ⌂ → ⌂ → 8

 Écris les signes qui ont été effacés.  Vérifie !  POUR LES AS

a

3 → +2 → 4 → 3 → 4

b

5 → 3 → 6 → +1 → 3

c

4 → 3 → 2 → 4 → 9

Fiche complémentaire *Les banquiers 7*

$9

Complète les phrases imagées.

a

b
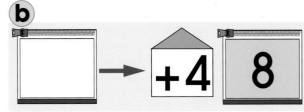

c
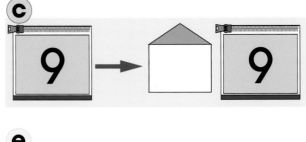

d
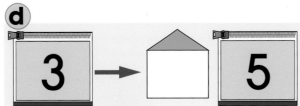

e
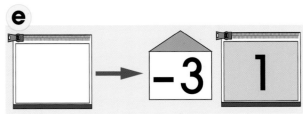

f POUR LES AS
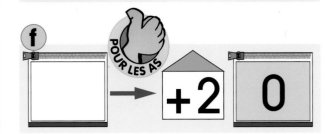

$ 10

Complète les phrases imagées de trois façons différentes. Utilise seulement les guichets proposés.

POUR LES AS
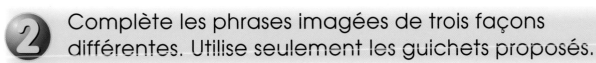

-4   -2   -1   +1   +3   +4

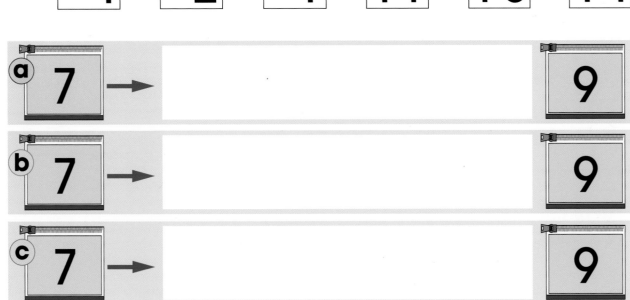

a 7 → 9

b 7 → 9

c 7 → 9

Pour chaque phrase imagée,
écris la phrase mathématique équivalente.
Complète-les toutes les deux.

Vérifie !

$11

a

4 → −2 → +3 → −1 →

4 − 2 +

b

8 → +1 → −0 → −7 →

c

6 → −5

d

3 → + 8

e

7 → −2 → + 9

f

POUR LES AS

→ −3 → −1 2

104

Pour chaque phrase mathématique,
écris la phrase imagée équivalente.
Complète-les toutes les deux.

Vérifie !

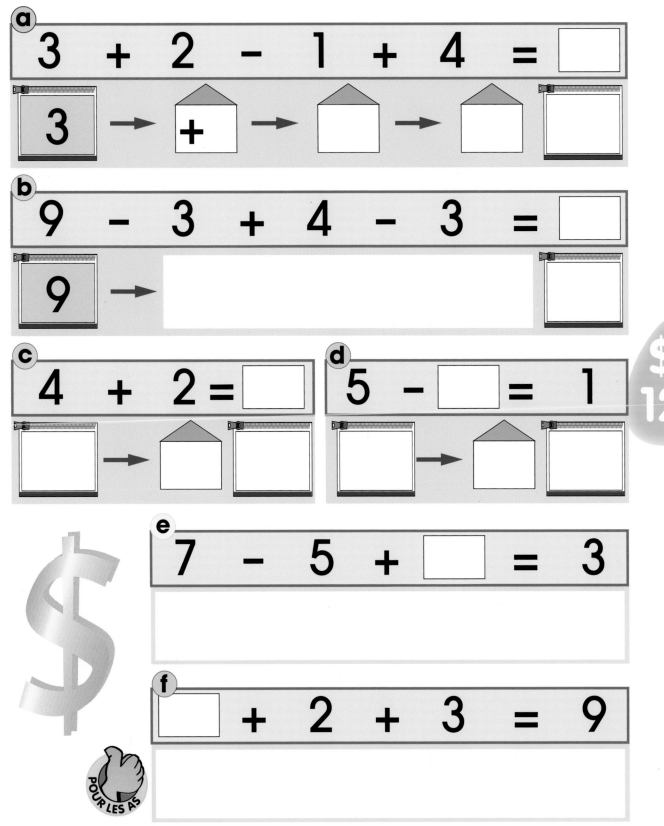

a

$$3 + 2 - 1 + 4 = \boxed{}$$

$$3 \rightarrow \boxed{+} \rightarrow \boxed{} \rightarrow \boxed{} \quad \boxed{}$$

b

$$9 - 3 + 4 - 3 = \boxed{}$$

$$9 \rightarrow \boxed{} \quad \boxed{}$$

c

$$4 + 2 = \boxed{}$$

d

$$5 - \boxed{} = 1$$

e

$$7 - 5 + \boxed{} = 3$$

f

$$\boxed{} + 2 + 3 = 9$$

POUR LES AS

$12

105

Complète les tables.

6
- 0 + 6
- ☐ + 0
- 1 + ☐
- ☐ + 4
- 3 + ☐
- 5 + ☐
- ☐ + 2

7
- ☐ + 3
- 7 + ☐
- ☐ + 1
- 2 + ☐
- ☐ + 4
- 5 + ☐
- ☐ + 6
- 0 + ☐

8
- ☐ + 0
- 4 + ☐
- ☐ + 2
- 1 + ☐
- 3 + ☐
- ☐ + 6
- ☐ + 8
- 5 + ☐
- 7 + ☐

9
- 0 + ☐
- 1 + ☐
- 2 + ☐
- 3 + ☐
- 4 + ☐
- 5 + ☐
- 6 + ☐
- 7 + ☐
- 8 + ☐
- 9 + ☐

5
- 0 + ☐
- 2 + ☐
- ☐ + 1
- 3 + ☐
- 5 + ☐
- ☐ + 4

4
- 4 + ☐
- ☐ + 3
- 0 + ☐
- ☐ + 2
- ☐ + 1

3
- 0 + ☐
- ☐ + 2
- 3 + ☐
- ☐ + 1

2
- 0 + ☐
- ☐ + 1
- 2 + ☐

$13

1 Complète chaque phrase mathématique.

a $4 + 1 = \boxed{}$

b $6 + 2 = \boxed{}$

c $3 + 4 = \boxed{}$

d $5 - 3 = \boxed{}$

e $7 - 2 = \boxed{}$

f $4 - 3 = \boxed{}$

g $6 + \boxed{} = 9$

h $\boxed{} - 2 = 2$

i $4 + \boxed{} = 8$

j $8 - 3 - 3 = \boxed{}$

k $9 - 6 - \boxed{} = 0$

l $4 + \boxed{} - 1 = 6$

m $\boxed{} - 1 - 1 = 3$

2 Écris les signes + et – qui manquent.

a $2 \bigcirc 1 = 3$

b $4 \bigcirc 2 = 6$

c $5 \bigcirc 4 = 1$

d $4 \bigcirc 4 = 0$

e $3 \bigcirc 2 = 5$

f $6 \bigcirc 3 = 3$

g $8 \bigcirc 6 = 2$

h $7 \bigcirc 2 = 9$

i $3 \bigcirc 4 = -1$

Trouve le terme manquant dans chaque phrase mathématique.

a 4 + ☐ = 5

b 3 − ☐ = 2

c ☐ + 2 = 4

d ☐ + 6 = 8

e ☐ − 2 = 5

f 4 − ☐ = 0

g 8 + ☐ = 9

h ☐ + 3 = 6

i ☐ − 4 = 1

j 4 + ☐ = 8

k 9 − ☐ = 6

l ☐ + 5 = 8

m ☐ − 2 = 4

n 6 + ☐ = 6

o 1 + ☐ = 2

p ☐ + 7 = 9

$ 15

2
Écris les signes + ou − qui manquent.

POUR LES AS

a 2 + 3 ◯ 1 = 6

b 4 − 3 ◯ 1 = 2

c 7 ◯ 1 − 5 = 1

d 3 ◯ 3 − 2 = 4

e 8 ◯ 4 ◯ 3 = 7

f 5 ◯ 3 ◯ 2 = 6

Trouve différentes façons d'obtenir le nombre 7.
N'utilise pas le nombre 0.

a □ + □ = 7

b □ + □ = 7

c □ + □ = 7

d □ + □ = 7

e □ − □ = 7

f □ − □ = 7

g □ + □ + □ = 7

h □ + □ + □ = 7

i □ + □ − □ = 7

j □ − □ + □ = 7

k □ + □ + 3 = 7

l 1 + □ + □ = 7

m □ + □ − 5 = 7

n 9 − □ + □ = 7

$ 16

 Écris les signes + ou − qui manquent.

POUR LES AS

a 8 ◯ 3 − 1 = 4

b 3 + 6 ◯ 7 = 2

c 5 ◯ 5 ◯ 5 = 5

d 9 ◯ 4 ◯ 5 = 0

e 6 ◯ 2 ◯ 3 = 7

f 8 ◯ 4 ◯ 2 = 2

Choisis et complète la phrase mathématique
qui décrit chaque problème.

1 Samuel a 5 $ en poche.
Il veut acheter un yo-yo qui coûte 8 $.
A-t-il assez d'argent ?

a) $5 + 8 =$ ___   b) $5 +$ ___ $= 8$

c) $5 + 8 +$ ___ $= 13$ d) $8 +$ ___ $= 5$

2 Émilie élève une famille de 6 tortues.
Kato et Zap sont les parents.
Combien y a-t-il de petits dans cette famille ?

a) $6 + 1 + 1 =$ ___   b) $6 +$ ___ $= 8$

c) $6 - 1 - 1 =$ ___   d) $6 - 1 =$ ___

3 Dans un bouquet, il y a 3 lys,
4 roses et 2 jonquilles.
Seules les roses sont fanées.
Combien de fleurs ne sont pas fanées ?

a) $3 + 4 + 2 =$ ___   b) $3 + 2 =$ ___

c) $3 + 2 - 4 =$ ___   d) $4 + 2 =$ ___

4 Un panier contient exactement 6 kiwis.
Nadine y met aussi 4 pamplemousses.
Julien retire 2 kiwis du panier et les mange.
Combien reste-t-il de fruits dans ce panier ?

a) $6 + 4 + 2 =$ ___   b) $6 - 4 - 2 =$ ___

c) $6 - 4 + 2 =$ ___   d) $6 + 4 - 2 =$ ___

Dans chaque encadré, utilise une seule
fois chacun des nombres 1, 2, 3, 4 et 5.

a

$2 < \boxed{}$

$\boxed{} - \boxed{} = 1$

$1 + 2 = \boxed{}$

$5 - \boxed{} = 1$

b

$1 < \boxed{} < 5$

$3 + \boxed{} = 4$

$\boxed{} - 3 = 2$

$\boxed{} - \boxed{} = 2$

c

$\boxed{} < \boxed{}$

$8 - 7 = \boxed{}$

$4 + \boxed{} = 6$

$\boxed{}$ est pair

d

$\boxed{} > 3$

$\boxed{} + \boxed{} = 5$

$0 < \boxed{} < 4$

$\boxed{} + 2 = 7$

$18

e

$3 < \boxed{} < 6$

$\boxed{} + 1 = \boxed{}$

$\boxed{} - 1 = 1$

$\boxed{}$ est impair

f

Utilise ici les
nombres de 1 à 6.

$\boxed{} < 2 < \boxed{}$

$\boxed{} - \boxed{} = 2$

$\boxed{} + \boxed{} = 7$

Choisis et complète la phrase mathématique
qui décrit chaque problème.

1 Jeffrey a mangé 4 fraises pour dessert.
Sa soeur Cora en a mangé 7.
Combien en a-t-elle mangé de plus que lui ?

a) $7 - 4 =$ ___   **b)** $7 + 4 =$ ___

c) $7 >$ ___ > 4 **d)** $4 -$ ___ $= 7$

2 Marie-Soleil a 6 ans.
Elle joue du piano depuis l'âge de 3 ans.
Quel âge aura-t-elle dans 4 ans ?

a) $6 + 3 + 4 =$ ___   **b)** $3 + 4 =$ ___

c) $4 + 6 =$ ___   **d)** $6 - 4 =$ ___

$ 19

3 Lydia et Guillaume ont chacun 7 billes.
Lydia enlève 3 billes à son frère.
Combien a-t-elle de billes maintenant ?

a) $7 + 3 =$ ___   **b)** $7 - 3 =$ ___

c) $7 + 7 - 3 =$ ___   **d)** $3 +$ ___ $= 7$

4 Catherine achète un cahier qui coûte 5 $.
Elle achète aussi une règle au prix de 3 $.
Catherine paie avec un billet de 10 $.
Combien d'argent le marchand lui remet-il ?

a) $5 + 3 + 10 =$ ___   **b)** $5 - 3 =$ ___

c) $5 + 3 +$ ___ $= 10$ **d)** $5 + 3 =$ ___

Numération

Grouper...

Dans la classe de monsieur
Du Fouillis, c'est la pagaille !
Tout y est si difficile à compter...

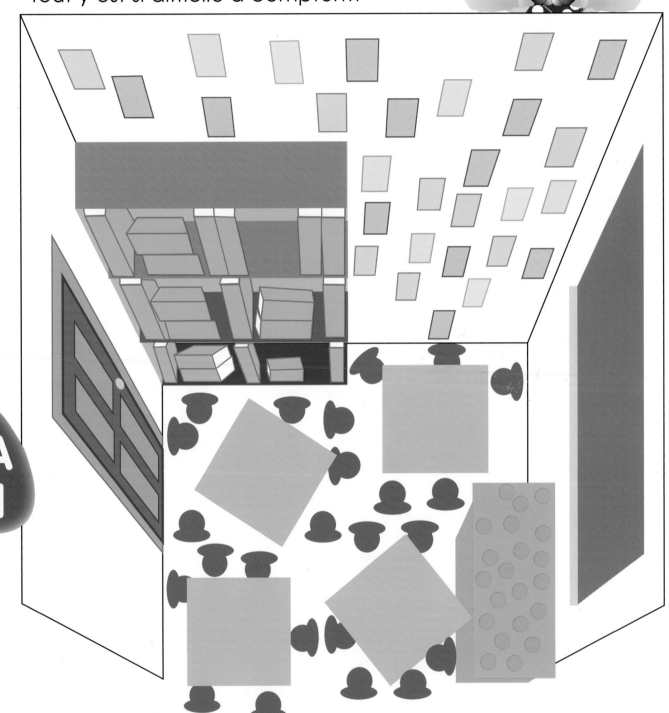

1 Prends autant de jetons qu'il y a d'oranges sur le bureau de monsieur Du Fouillis.

... pour mieux voir

Chez madame Ranger,
compter semble pourtant
si facile...

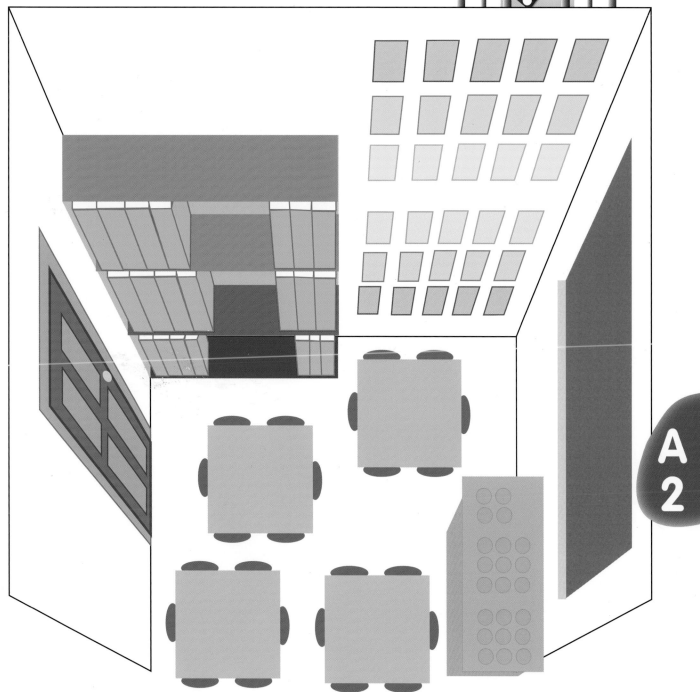

2 Prends autant de jetons qu'il y a d'oranges sur
le bureau de madame Ranger.

1 Dans une classe, il y a quatre équipes
de cinq élèves et deux équipes de quatre élèves.
Trace un petit cercle pour représenter chaque élève.

2 Place les fruits dans des sacs en les entourant. Fais :

A
3

a cinq sacs de deux pommes ;

b deux sacs de quatre cerises ;

c quatre sacs de trois poires.

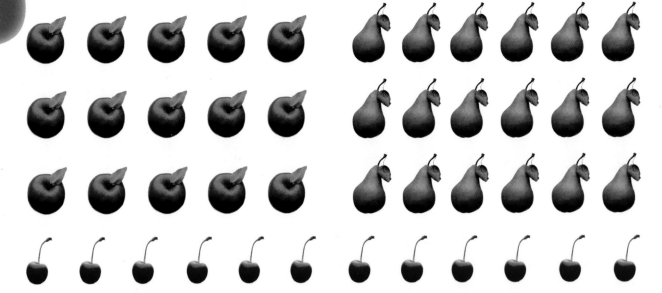

Fiche complémentaire *Numération 3*

1 Avec cette feuille de timbres, combien peux-tu former de :

a rangs de 6 timbres ? _____

b rangs de 4 timbres ? _____

c rangs de 3 timbres ? _____

d carrés de 4 timbres ? _____

e groupes de 8 timbres ? ___

2 Voici les élèves de madame Durang. Combien peut-elle former d'équipes de :

a 6 élèves ? _____

b 5 élèves ? _____

c 4 élèves ? _____

d 3 élèves ? _____

e dix élèves ? _____

A
4

117

On a commandé des boîtes de jus de fruits.
Dans chaque encadré, ajoute les éléments
qui manquent.

a

2 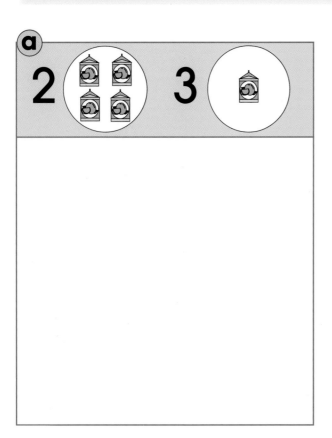 3

b

3 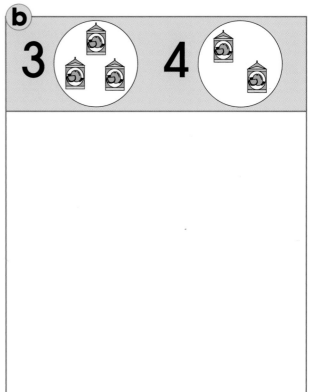 4

c

— ◯ — ◯

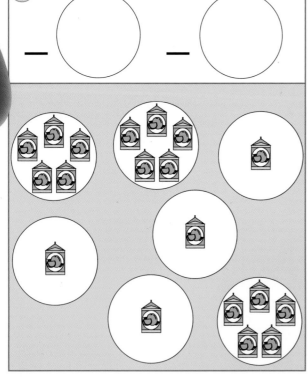

d

— ◯ — ◯

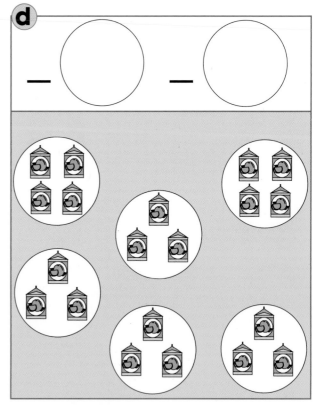

1 Sers-toi de ta calculette.
Complète chaque suite de touches
pour obtenir le nombre 8 de différentes façons.

N'utilise pas les touches marquées du signe ✗.

a ☐ **+** ☐ **=**

b ☐ **+** ☐ **=**

c ☐ **+** ☐ **=**

d ☐ **−** ☐ **=**

e ☐ **X** ☐ **=**   POUR LES AS

2 Complète chaque suite de touches
pour obtenir le nombre 8 de
différentes façons.

POUR LES AS   N'utilise pas les touches
marquées du signe ✗.

a ☐ **X** ☐ **+** ☐ **=**

b ☐ **X** ☐ **+** ☐ **=**

c ☐ **X** ☐ **+** ☐ **−** ☐ **=**

A 6

Un calendrier pour...

Très jeune, Robinson Crusoé quitte la maison de ses parents pour devenir marin. Pendant quelques années, il navigue sur toutes les mers du monde.

Un jour, son navire est secoué par une violente tempête tropicale. Il échoue sur une île déserte. Robinson est le seul survivant…

B 7

Ainsi commence son extraordinaire aventure.

... Robinson Crusoé

Robinson construit d'abord une cabane dans un vieil arbre mort. Il doit se protéger des bêtes sauvages.

Puis, il doit trouver de la nourriture et de l'eau.

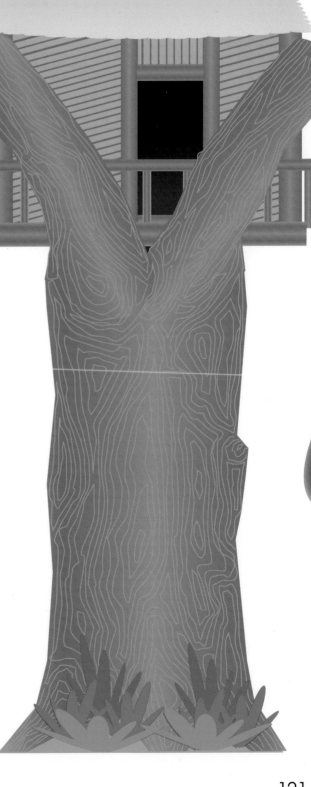

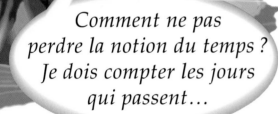

Comment ne pas perdre la notion du temps ? Je dois compter les jours qui passent…

B 8

Robinson n'a pas de calendrier.
Comment va-t-il faire ?

Sur chaque arbre, groupe les marques
comme le fait Robinson Crusoé.
Combien de groupes as-tu ?
Combien de jours reste-t-il ?

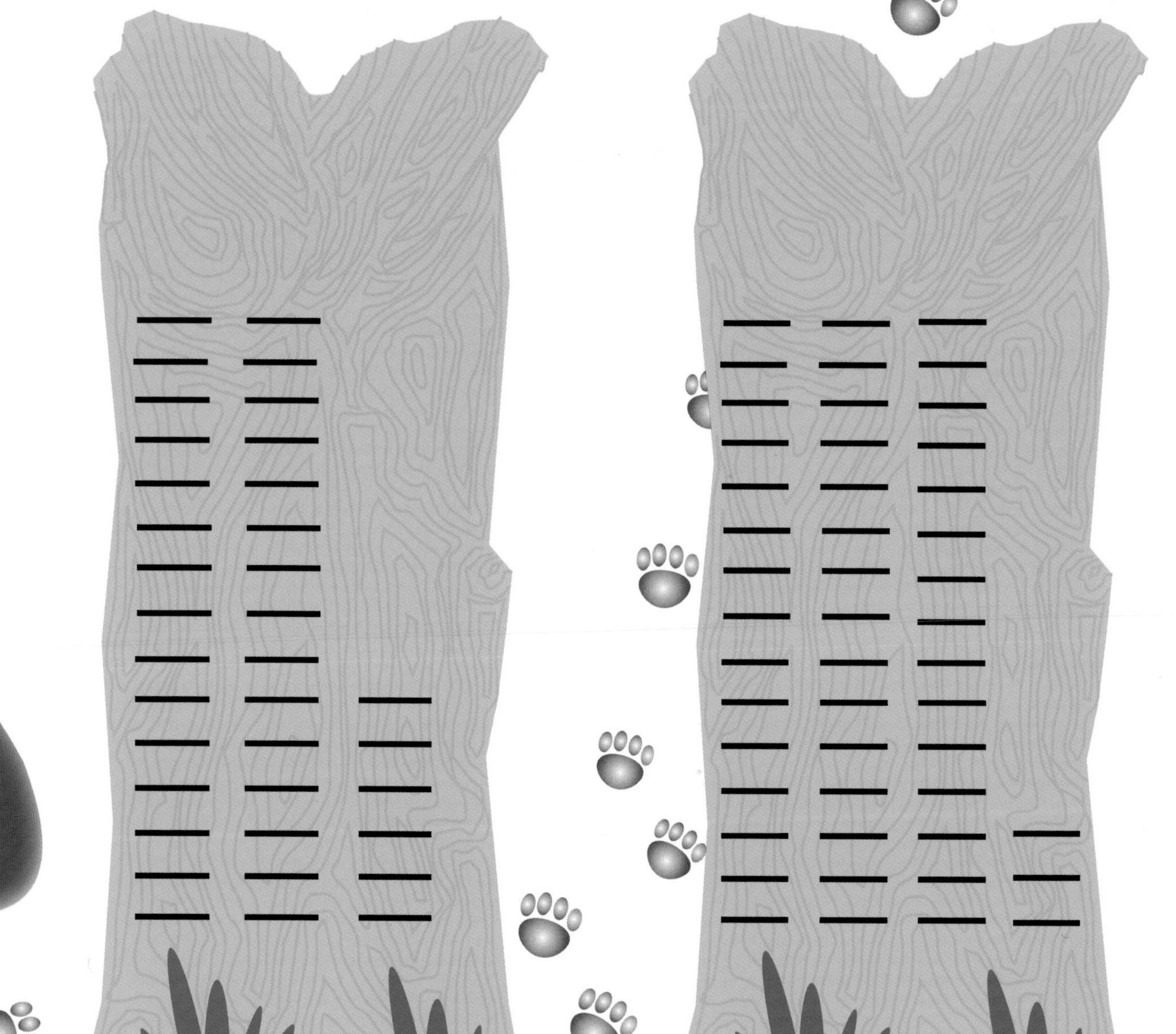

B
9

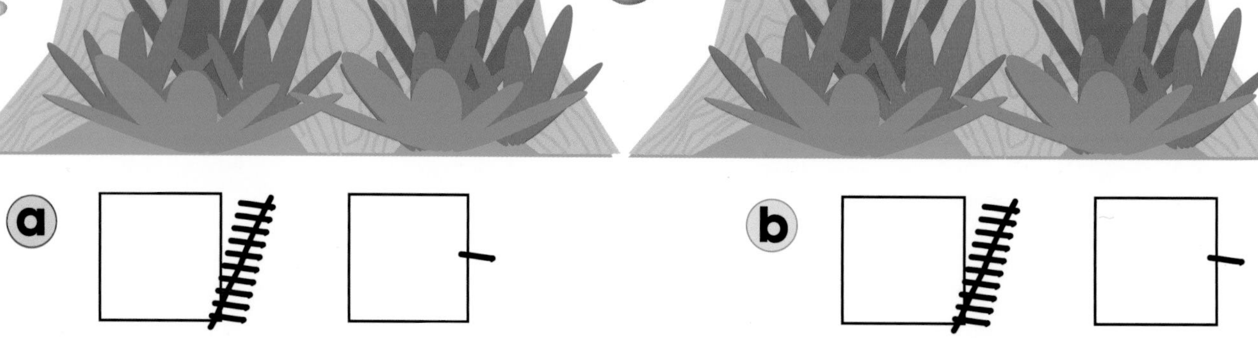

a ⬜ 🪜   ⬜ —

b ⬜ 🪜   ⬜ —

Sur chaque arbre, dessine toutes
les marques demandées.
Groupe-les à la manière de Robinson.

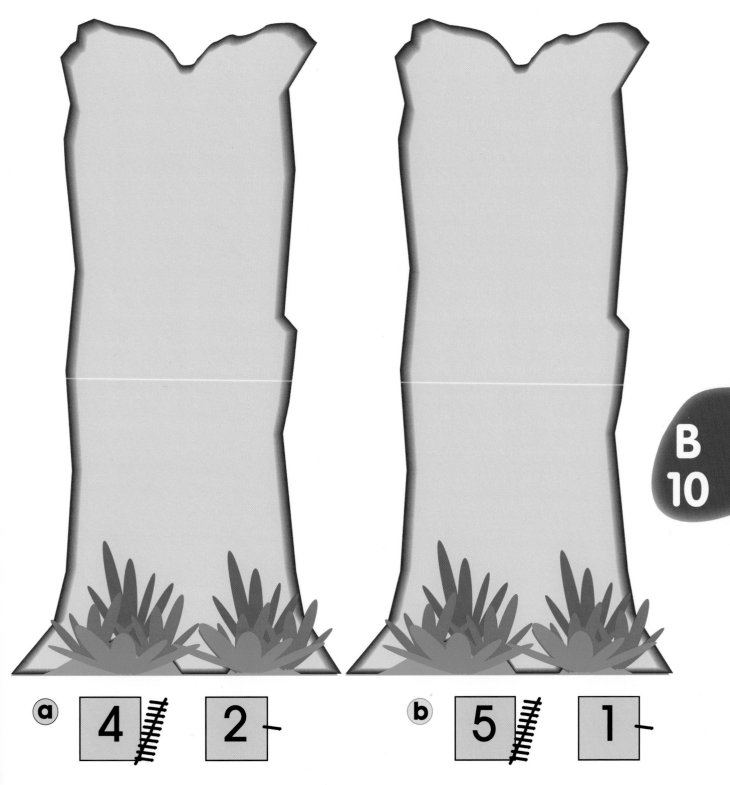

a 4 🪜 2

b 5 🪜 1

Robinson part à la découverte de son île.
À la fin de chaque journée d'exploration,
il ramasse un coquillage.

1 Enfile les coquillages pour former des groupes de dix.

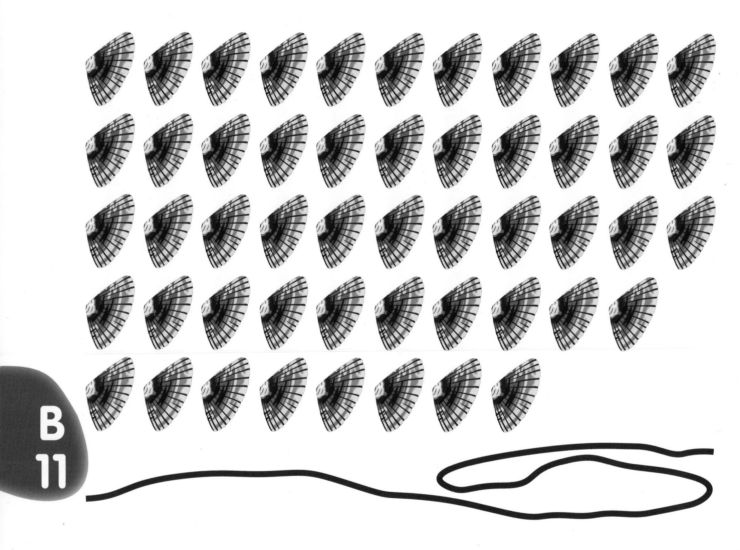

B 11

2 Indique le nombre de colliers que tu as fabriqués.
Combien reste-t-il de coquillages ?

Fiche complémentaire *Numération 9*

Dessine les coquillages que Robinson a recueillis durant chaque exploration.
Sur le compteur, indique la durée des deux voyages.

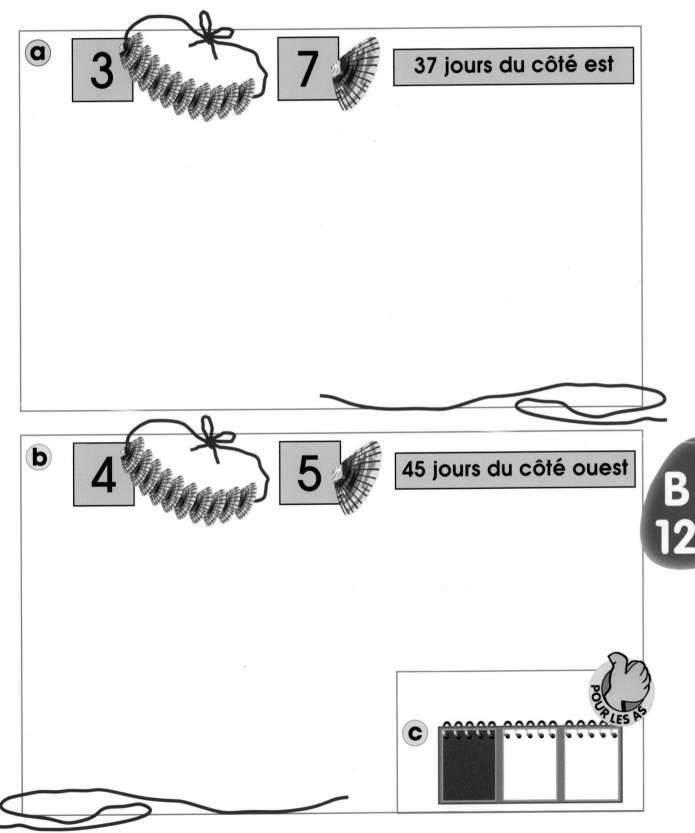

a

3

7

37 jours du côté est

b

4

5

45 jours du côté ouest

B
12

c

POUR LES AS

Voici comment former un château avec dix boîtes de conserve.

Combien de châteaux semblables peux-tu bâtir avec toutes ces boîtes ?

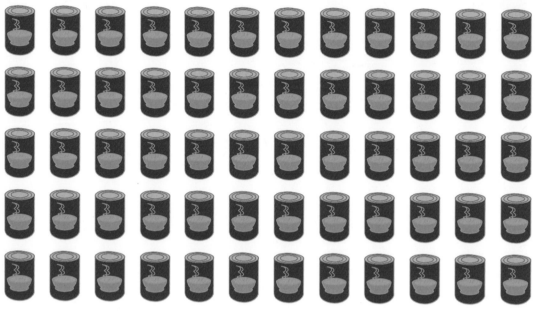

2 Dessine toutes les boîtes de conserve demandées.

B
13

4   6

Il y a très longtemps vivait une bergère.
Sur son bâton, elle faisait une entaille
pour chaque chèvre de son troupeau.

1 Combien chaque bâton
représente-t-il de chèvres ?

a

b

2 Sur le bâton, dessine autant
de marques qu'il y a de bêtes.
Fais-le comme la bergère.

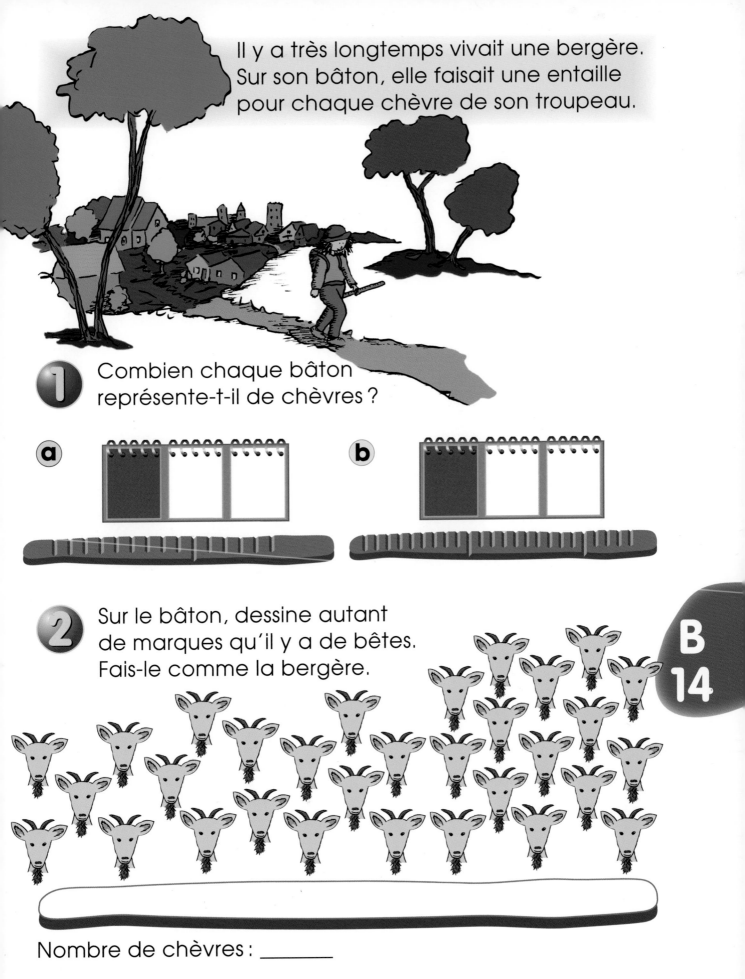

B
14

Nombre de chèvres : _____

127

Dans chaque cas, écris le nombre de jours
passés sur l'île de Robinson Crusoé.

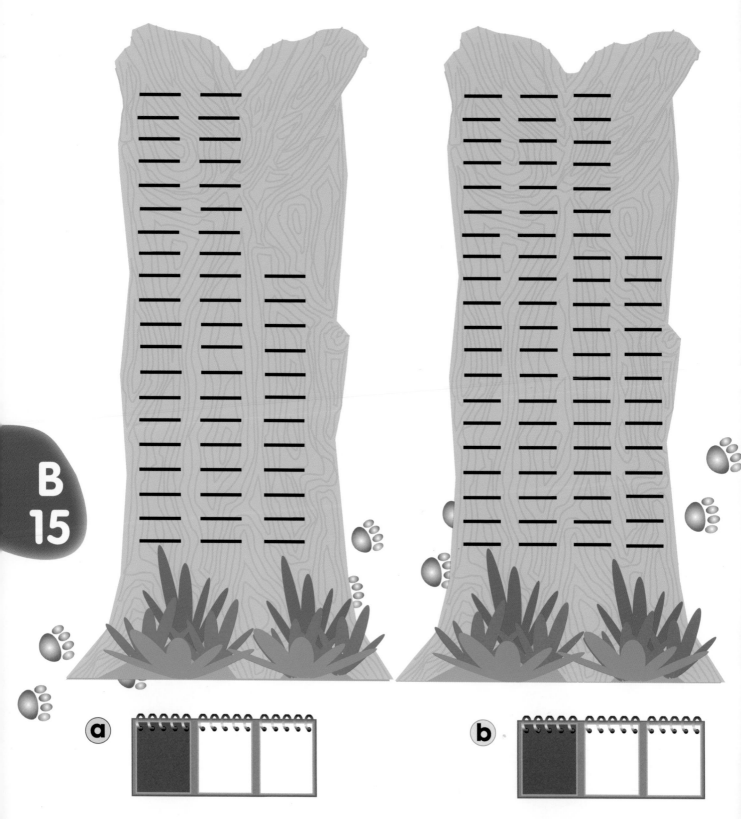

B
15

Fiche complémentaire *Numération 10*

Sur chaque arbre, dessine toutes les marques
demandées. Groupe-les à la manière de Robinson.

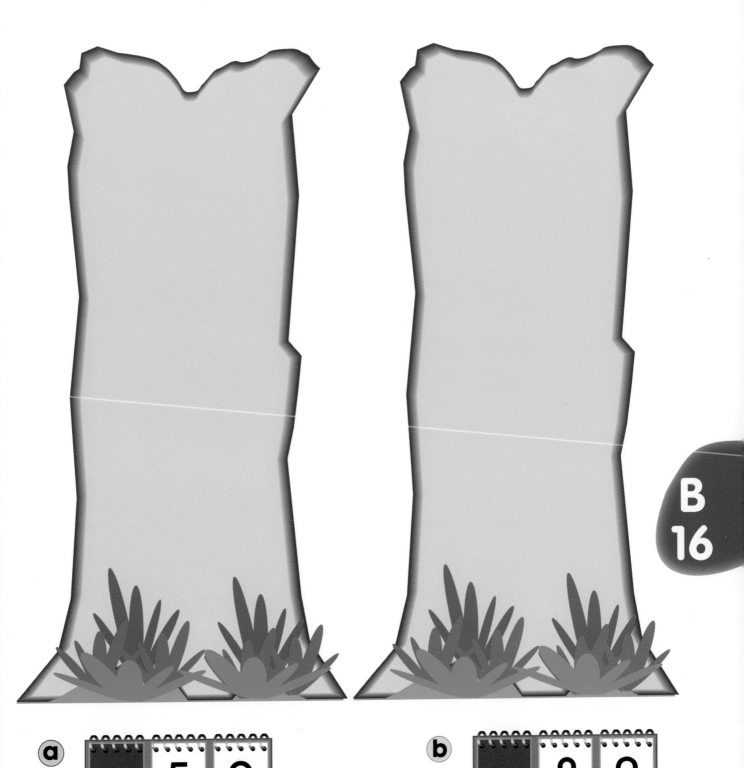

a 5 9

b 8 0

B
16

Il faut réunir 10 pièces de 1 ¢ pour obtenir 1 pièce de 10 ¢.

1 Combien de pièces de 10 ¢ peux-tu obtenir avec toutes ces pièces ? _____

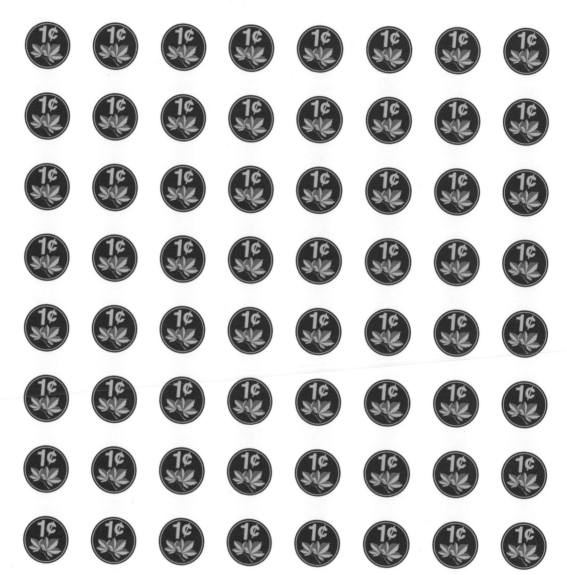

B 17

2 Quelle somme représentent toutes ces pièces de 1 ¢ ?

Fiche complémentaire *Numération 13*

Réunis toutes les pièces de 1 ¢ qu'il
faut pour te procurer l'objet illustré.
Fais ensuite des échanges.
Essaie d'avoir le plus de pièces de 10 ¢ possible.
Indique ton résultat.

a Une pièce de 25 ¢

b 36 ¢

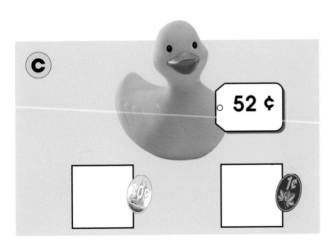

c 52 ¢

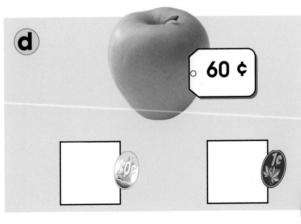

d 60 ¢

B 18

e 79 ¢

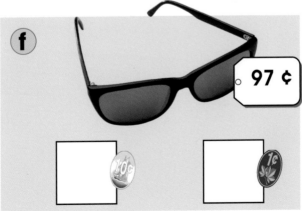

f 97 ¢

Un centicube mesure un **centimètre** de côté.
Si tu empiles 10 centicubes, tu obtiens une colonne
de un **décimètre** de hauteur.

1 Combien de décimètres
peux-tu bâtir avec les
centicubes illustrés ci-dessous ? _____

Un centicube

1 cm

Un décimètre

10 cm

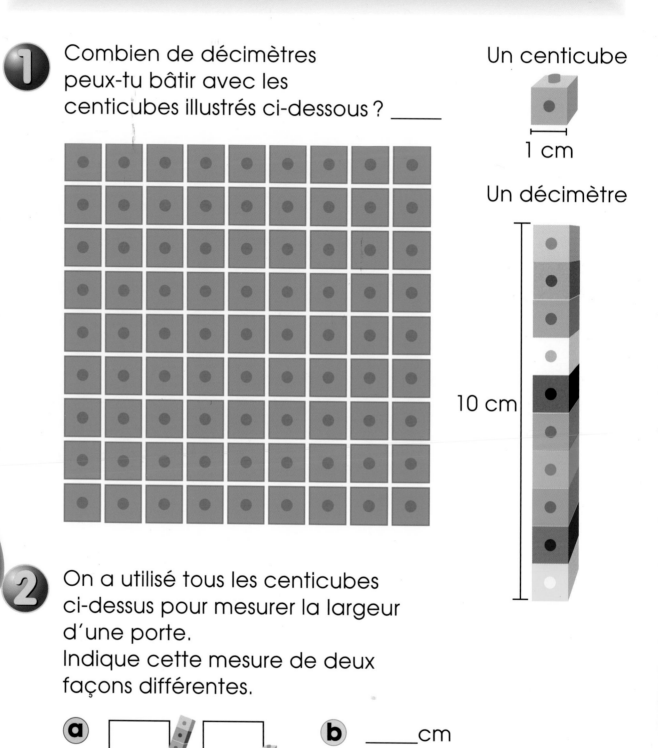

B
19

2 On a utilisé tous les centicubes
ci-dessus pour mesurer la largeur
d'une porte.
Indique cette mesure de deux
façons différentes.

a

b _____ cm

Réunis tous les centicubes qu'il faut pour effectuer chaque mesure. Indique ensuite le résultat de deux façons différentes.

a Longueur de ta règle

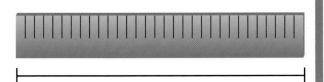

Résultat : _____ cm

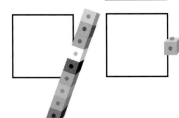

b Largeur de ton livre de mathématiques

Résultat : _____ cm

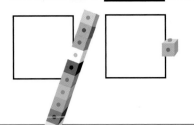

c Longueur de tes pieds placés bout à bout

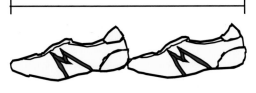

Résultat : _____ cm

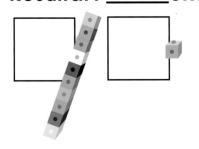

d Ta taille

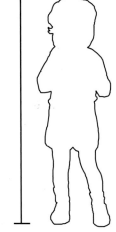

Résultat : _____ cm

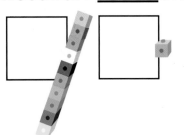

POUR LES AS

B 20

Dans chaque cas, écris le nombre
de jours marqués sur l'arbre.

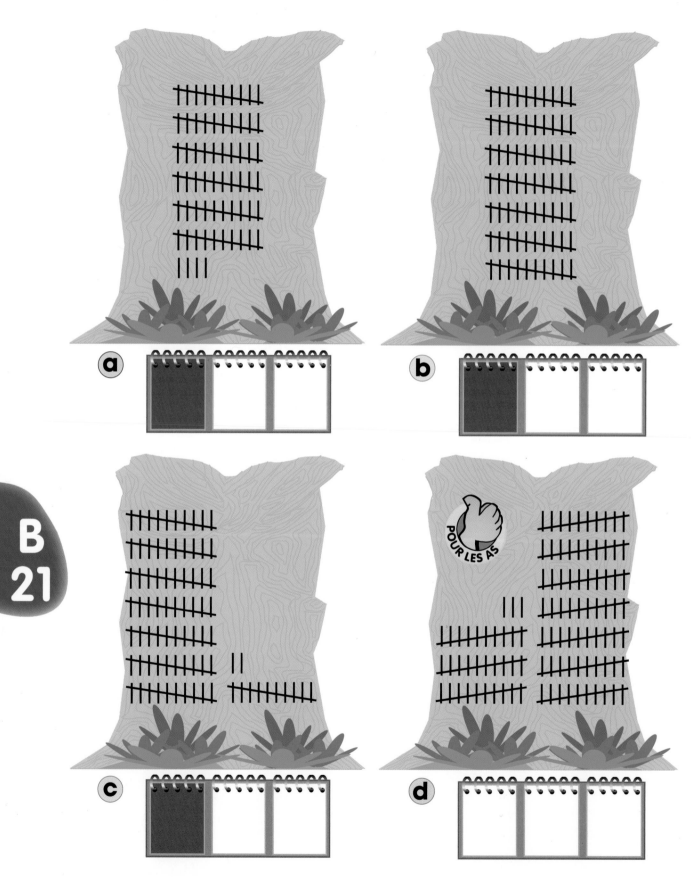

Robinson part explorer son île. Au coucher du soleil, il ramasse toujours un coquillage.

Robinson part tôt le 1er juillet. À quelle date a-t-il recueilli chaque lot de coquillages ?

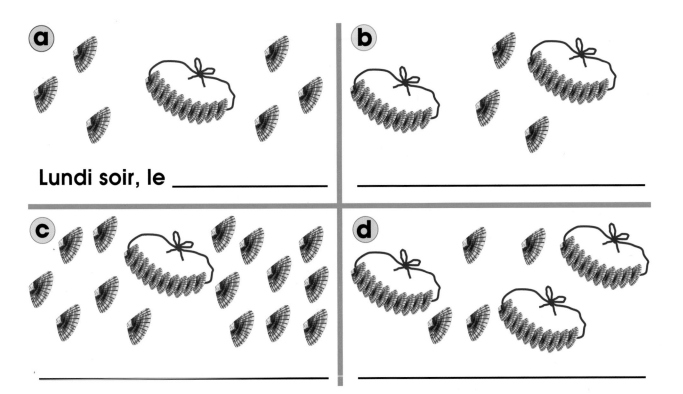

a

Lundi soir, le _____

b

_____

c

_____

d

_____

Dimanche	Lundi	Mardi	Mercredi	Jeudi	Vendredi	Samedi
1	2	3	4	5	6	7
8	9	10	11	12	13	14
15	16	17	18	19	20	21
22	23	24	25	26	27	28
29	30	31	Juillet			

B
22

135

Des nombres...

Quand ils sont bien ordonnés,
les nombres ressemblent
à de véritables joyaux.

Le grenier du château cache
un trésor. Pour ouvrir le coffre,
cherche d'abord la clé...

a *Pars de l'entrée et avance de 23 pièces.*

b *Avance d'une dizaine de pièces, puis de deux autres dizaines encore...*

c *Recule de 5 pièces et avance 3 fois de 10 pièces.*

La clé est dans la pièce où tu devrais
être maintenant. Si tu n'as pas perdu
ton chemin...

La clé est dans la pièce numéro _____.

C
23

136

... et des trésors

90	91	92	93	94	95	96	97	98	99
80	81	82	83	84	85	86	87	88	89
70	71	72	73	74	75	76	77	78	79
60	61	62	63	64	65	66	67	68	69
50	51	52	53	54	55	56	57	58	59
40	41	42	43	44	45	46	47	48	49
30	31	32	33	34	35	36	37	38	39
20	21	22	23	24	25	26	27	28	29
10	11	12	13	14	15	16	17	18	19
00 Entrée	01	02	03	04	05	06	07	08	09

C 24

Voici quelques pièces telles qu'elles
sont disposées dans le château.
Écris les numéros qui manquent.
Ensuite, vérifie tes réponses.

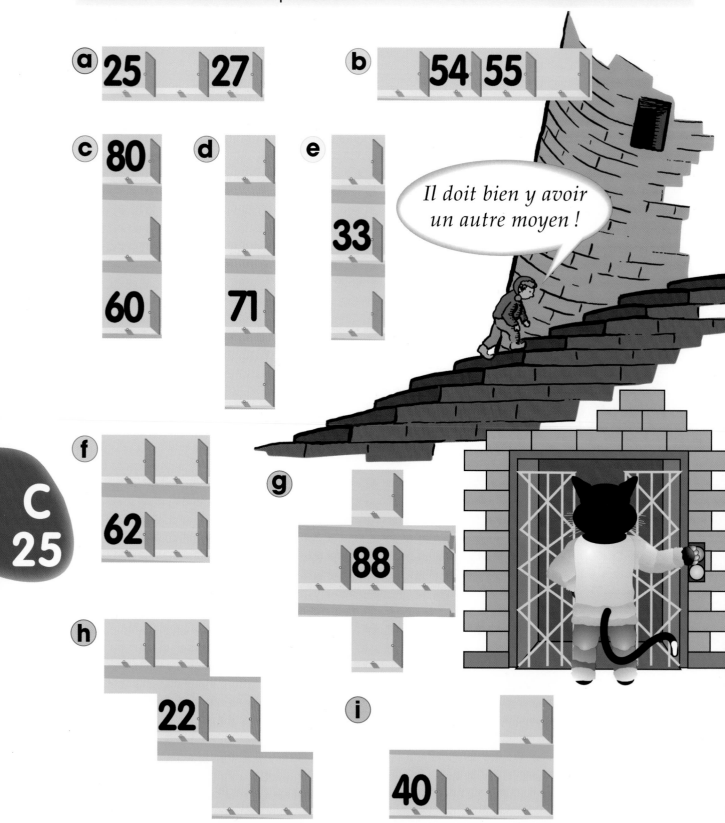

POUR LES AS

a 25   27

b 54 55

c 80   60

d 71

e 33

*Il doit bien y avoir
un autre moyen !*

f 62

g 88

C 25

h 22

i 40

1 Une encyclopédie de 30 volumes est placée sur ces étagères. Les livres sont en désordre.

Quels sont les numéros manquants ? _____

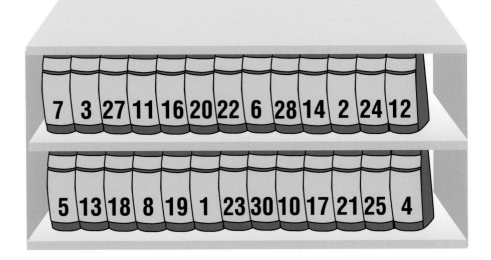

7 3 27 11 16 20 22 6 28 14 2 24 12

5 13 18 8 19 1 23 30 10 17 21 25 4

2 Les marches de chaque escalier progressent par bonds de 1. Ajoute les nombres et les marches qui manquent.

a 40, ..., 42

b 70, ..., 68

C 26

c 55, ..., 53

d 19, ..., 21

e 77, ..., 79

f 90, ..., 88

Tu es dans le château au trésor.
Voici une suite de déplacements
réguliers à faire.

Dépose un centicube dans les pièces de la suite.
Découvre les numéros manquants.

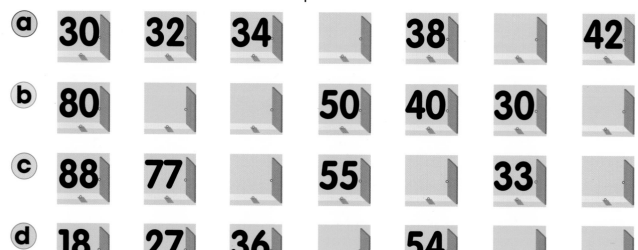

ⓐ 30 32 34 ___ 38 ___ 42

ⓑ 80 ___ ___ 50 40 30 ___

ⓒ 88 77 ___ 55 ___ 33 ___

ⓓ 18 27 36 ___ 54 ___ ___

② Les marches de chaque escalier
progressent par bonds de 1.
Ajoute les nombres qui manquent.

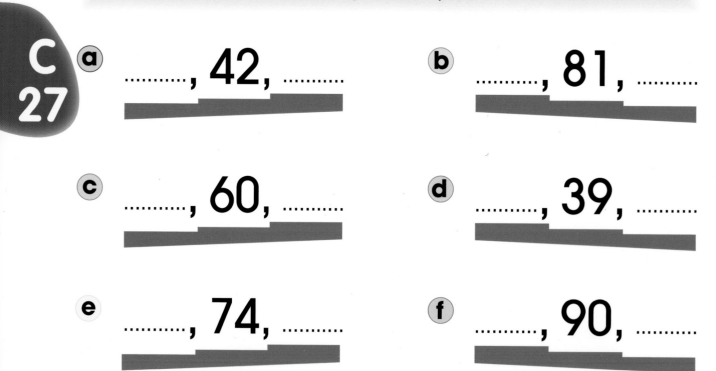

C
27

ⓐ ...., 42, ...

ⓑ ...., 81, ...

ⓒ ...., 60, ...

ⓓ ...., 39, ...

ⓔ ...., 74, ...

ⓕ ...., 90, ...

Fiche complémentaire *Numération 20*

Géométrie

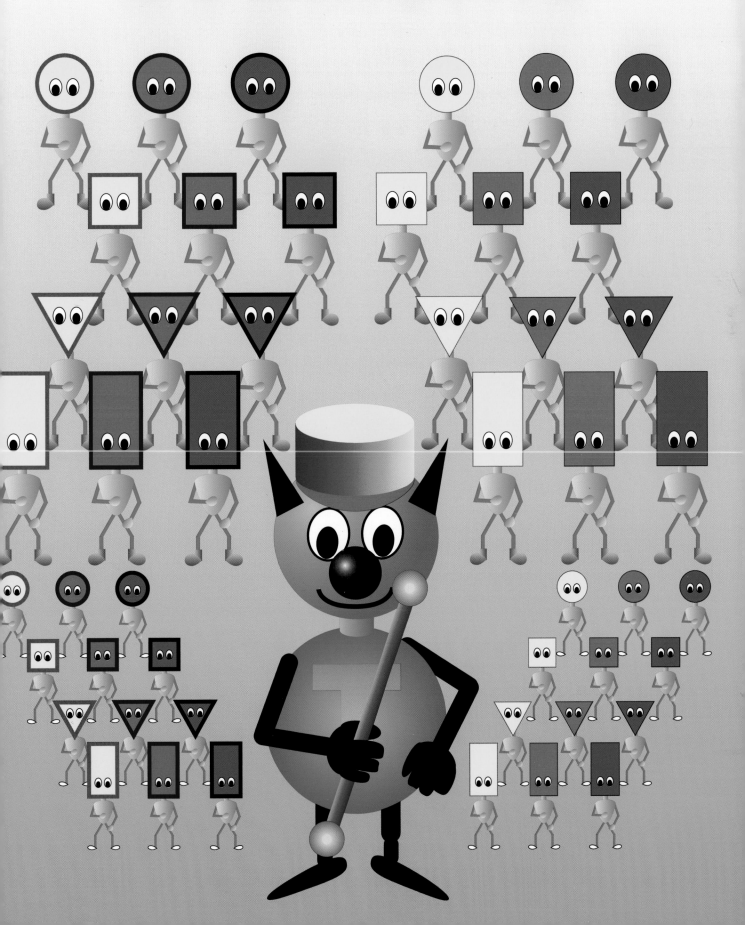

Airs de famille...

Sur une île imaginaire vivent les Deudés. Observe-les de près.

A 1

① Leur trouves-tu des airs de famille ?

.. et fête chez les Deudés !

Les Deudés aiment bien faire la fête. Mais n'entre pas qui veut dans le château.
Il faut avoir reçu une invitation !

2 Voici des Deudés qui s'amènent au château.
Dans le groupe, deux n'ont pas eu d'invitation.
Les gardes ne les laisseront pas entrer.
Encercle-les.

1 C'est le festival du printemps. Quelques Deudés sont déjà dans le château. D'autres arrivent.

Entoure les Deudés que les gardes vont laisser passer.

Halte !

S'il vous plaît…

2 Des Deudés ont reçu une invitation pour la fête des voiles. La fête a lieu sur le navire. Le Deudé marqué d'un ✗ n'a pas été invité.

Entoure les autres que le garde laissera monter à bord.

A 3

1 Cinq Deudés sont déjà à table pour le festin des bois. Le Deudé marqué d'un ✗ n'a pas reçu d'invitation.

Entoure les Deudés que le garde laissera passer.

2 Il y a une surprise-partie dans le parc. Les Deudés marqués d'un ✗ n'ont pas d'invitation.

Entoure les Deudés que le garde laissera passer.

POUR LES AS

A 4

145

1 Dans chaque cadre, un personnage se présente. Parmi les autres, entoure celui qui lui ressemble le plus.

2 Observe encore chaque cadre.
Fais un **✗** sur le personnage qui ressemble le moins :
a à Kah ; **b** à Otor ; **c** à Ikir ; **d** à Sor.

Ce soir, grand bal costumé !
Chaque Deudé se déguise à sa façon.

a Il y en a qui changent de couleur…

b Il y en a qui changent de forme…

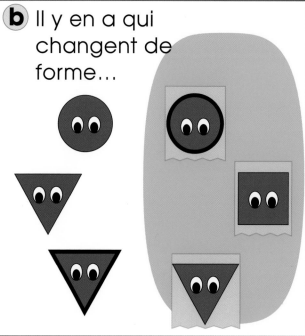

c Il y en a qui changent de forme et de contour…

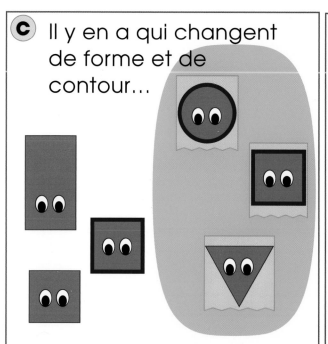

d Il y en a qui changent leur forme, leur couleur et l'épaisseur de leur contour…

POUR LES AS

A 6

Observe bien les Deudés sans déguisement.
Dans la zone bleue, peux-tu les retrouver
avec leur déguisement ?
Relie-les d'un trait.

Le jeu des dix erreurs

Troublefête a visité l'île des Deudés.
Voici deux exemplaires d'une même
photo qu'il a rapportée.
Regarde-les bien.
Encercle les dix différences.

Original

Modifié

148

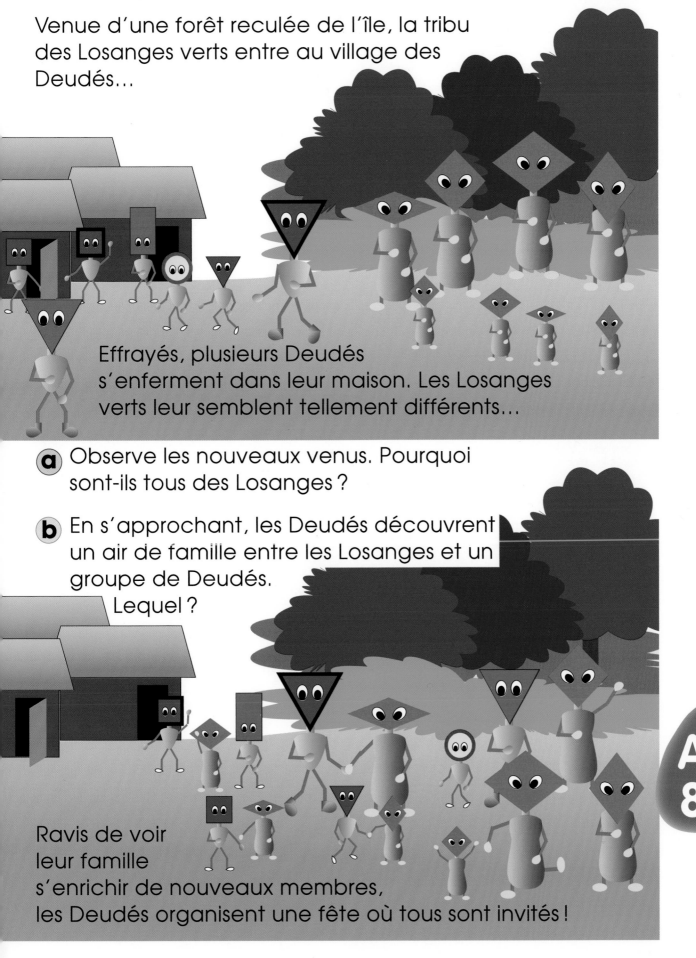

Venue d'une forêt reculée de l'île, la tribu des Losanges verts entre au village des Deudés…

Effrayés, plusieurs Deudés s'enferment dans leur maison. Les Losanges verts leur semblent tellement différents…

a Observe les nouveaux venus. Pourquoi sont-ils tous des Losanges ?

b En s'approchant, les Deudés découvrent un air de famille entre les Losanges et un groupe de Deudés. Lequel ?

Ravis de voir leur famille s'enrichir de nouveaux membres, les Deudés organisent une fête où tous sont invités !

A 8

Tu peux reproduire chaque chiffre avec les géoblocs indiqués. La taille des figures est réduite de moitié.

Trace la position de chaque bloc.

Voici les autres chiffres.

Trace la position de chaque bloc.

POUR LES AS

POUR LES AS

A
10

151

Jolies figures...

Un concours de beauté parmi les formes géométriques ?

Pourquoi pas !

Les architectes et les artistes seront les juges.

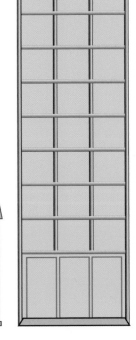

Dans leurs constructions, les architectes choisissent souvent des figures à 4 côtés. Des figures qui ont des coins bien droits.

Quelle est la plus belle figure ?

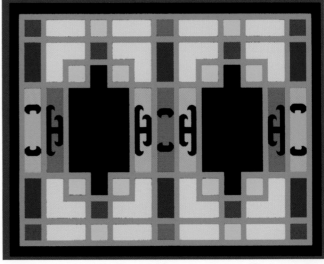

Que disent les artistes ? Ils présentent souvent leurs oeuvres dans des cadres rectangulaires.

B
11

152

... et concours de beauté !

Les rectangles forment une très nombreuse famille. On en voit partout !

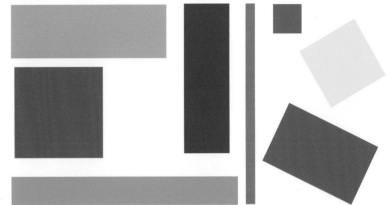

Savais-tu que toutes ces figures sont des rectangles ?

Couronnons les carrés !
Ce sont les rectangles les plus réguliers.
On apprécie leur beauté depuis la nuit des temps...

B
12

Recouvre exactement le carré bleu avec des centicubes.
Le nombre de cubes utilisés est appelé « nombre carré ».
Quel est ce nombre ? _____

Voici 5 carrés.
Couvre-les avec des centicubes.
Complète ensuite la description de chaque carré.

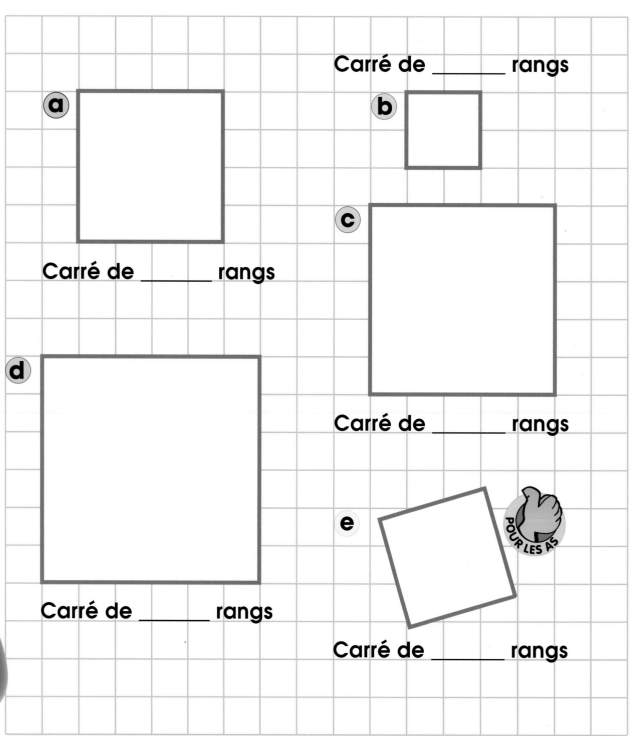

Carré de _____ rangs

a

b

Carré de _____ rangs

c

d

Carré de _____ rangs

Carré de _____ rangs

e

Carré de _____ rangs

Carré de _____ rangs

B
13

2
Maintenant, range tes centicubes.
Puis, trace les carrés de la grille cachés
par chaque figure.

154

Encercle les figures qui sont des carrés.
Utilise tes centicubes pour prouver que
tu as fait les bons choix.

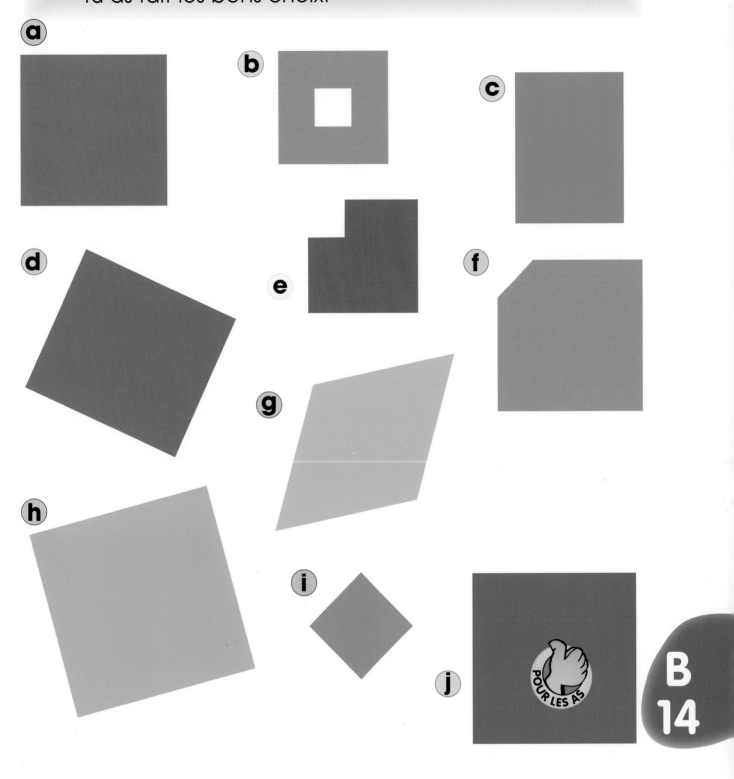

a

b

c

d

e

f

g

h

i

j

POUR LES AS

B
14

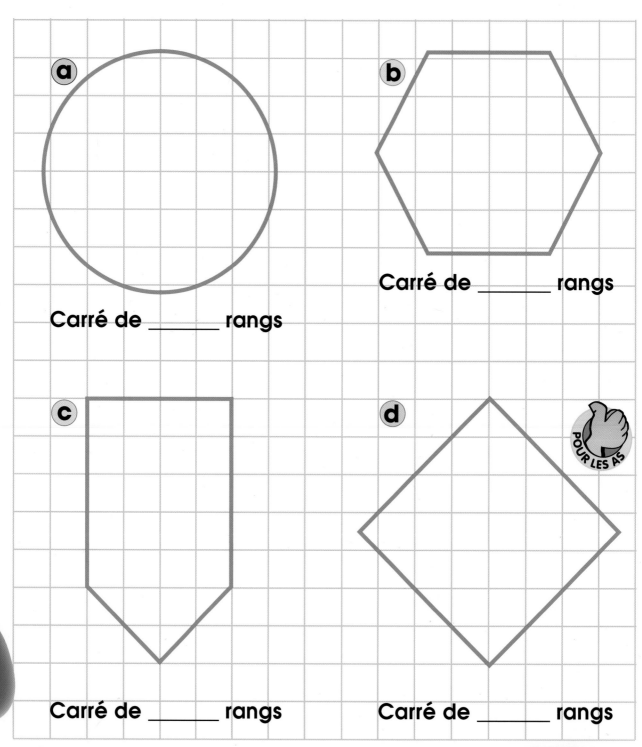

ⓐ Carré de _____ rangs

ⓑ Carré de _____ rangs

ⓒ Carré de _____ rangs

ⓓ Carré de _____ rangs

POUR LES AS

B 15

② Utilise un logiciel de dessin vectoriel pour tracer 8 carrés, tous différents (grandeur, orientation, couleur…).

1 Voici 4 ensembles de réglettes.
Dans chaque cas, fais un carré avec
toutes les réglettes, sauf une.
Encercle celle que tu n'utilises pas.

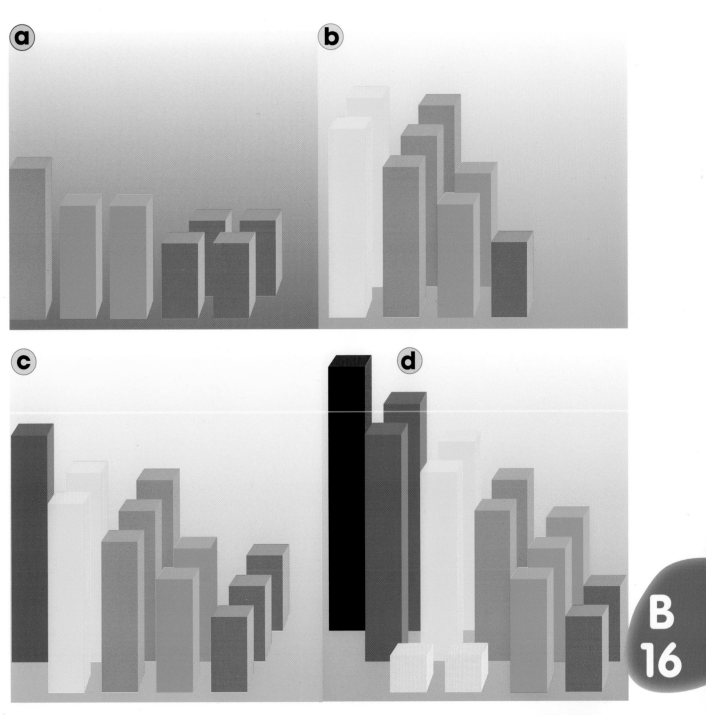

a

b

c

d

B
16

2 Dessine tes plans sur une grille quadrillée
ou avec un logiciel de dessin vectoriel.

Continue le motif pour obtenir
le plus grand carré possible.
Utilise tes réglettes.

Tu dois recouvrir un plancher carré.
Tu veux que le motif soit régulier.
Voici 4 possibilités.

a

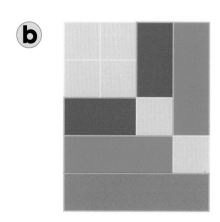

b

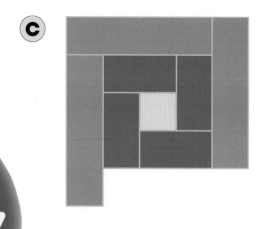

c

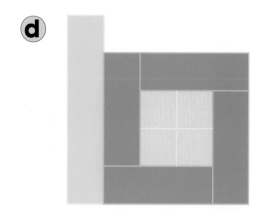

d

B
17

Dessine les motifs sur une grille quadrillée
ou avec un logiciel de dessin vectoriel.

Fiche complémentaire *Géométrie 12*

Recouvre chaque carré
avec les géoblocs indiqués.
Trace la position de chaque bloc.

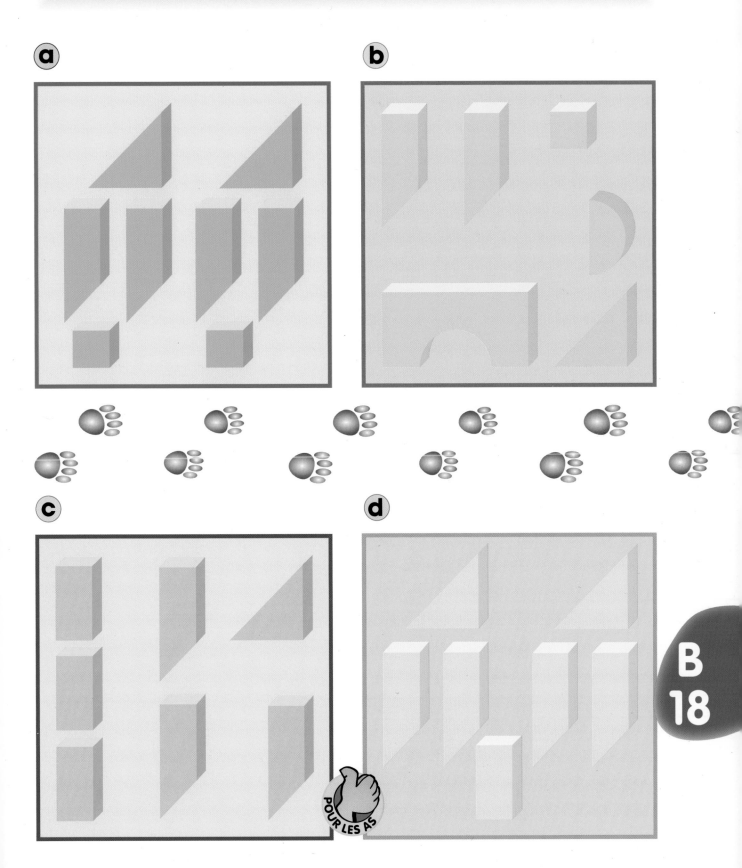

Fenêtre ouverte...

C'est jour de grand ménage.
On lave toutes les fenêtres de
la maison !

... sur la multiplication

On nettoie aussi tous les stores.
Et ensuite il faudra tout
remettre en place...

a

b

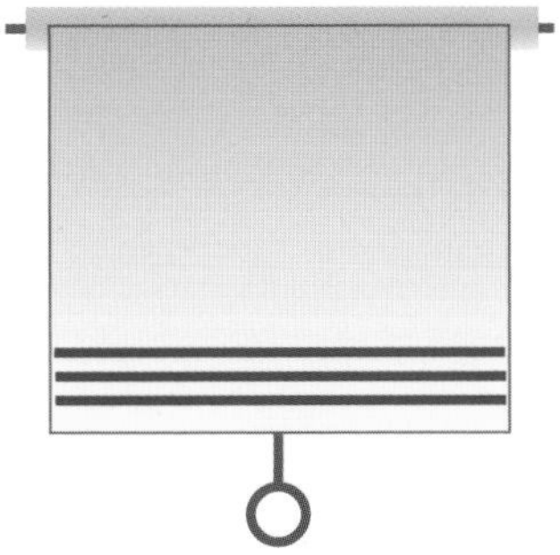

c

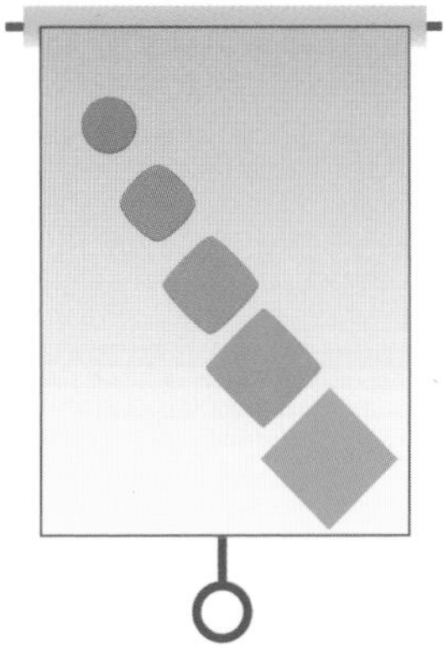

d

e

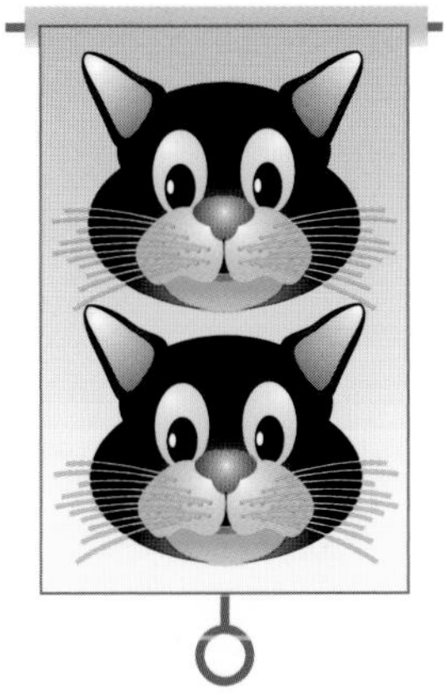

f

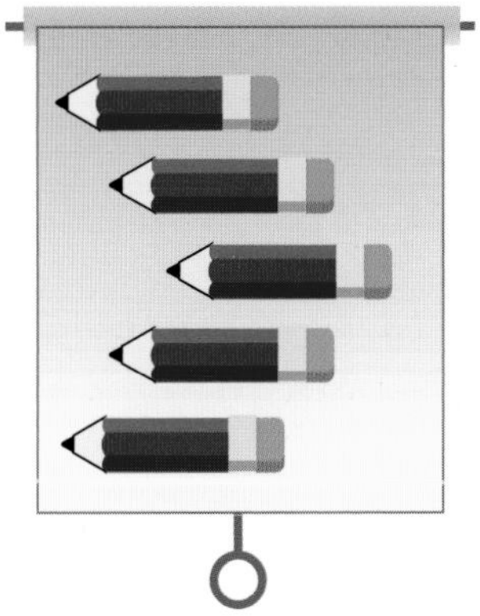

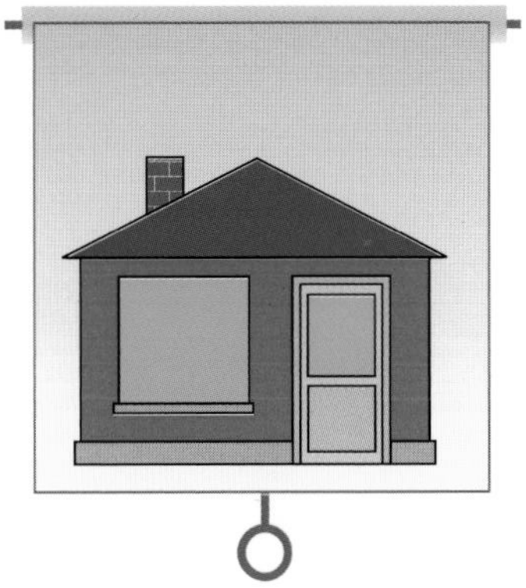

g

h

i

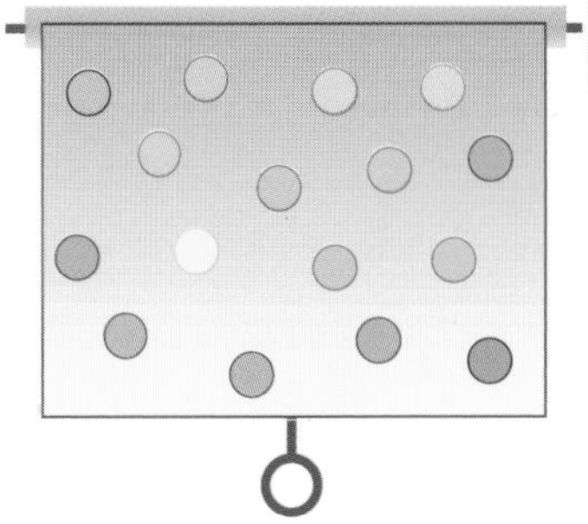

Avec ton équipe, trouve le
store de chaque fenêtre.
Écris les numéros
correspondants sur les stores.

POUR LES AS

C
20

1 Voici le plan d'une fenêtre à 16 carreaux.
Trouve tous les autres modèles qui ont le même nombre de carreaux.
Dessine-les.

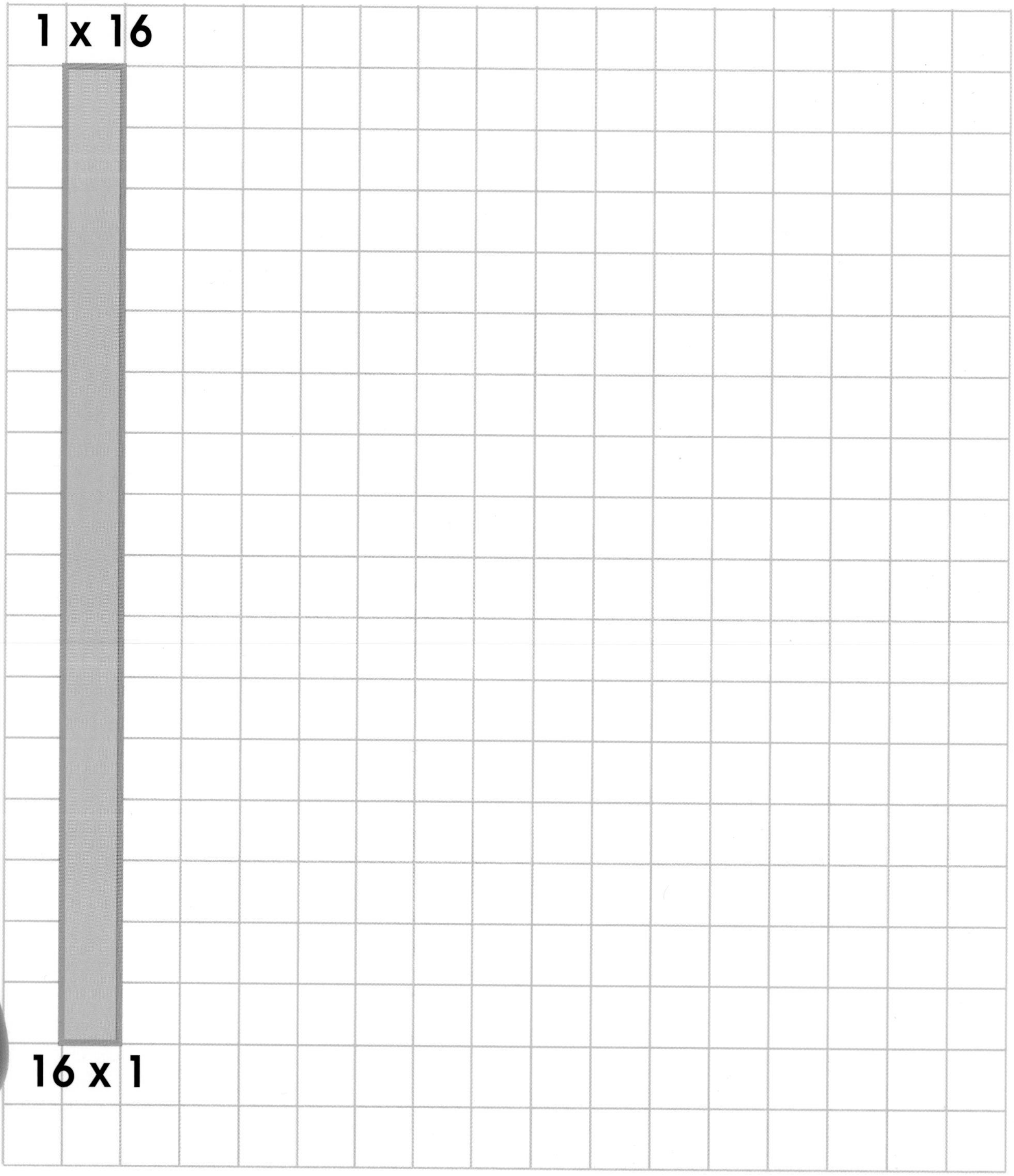

1 x 16

16 x 1

C 21

2 Note les expressions mathématiques qui décrivent tes fenêtres.

Recouvre chaque photo avec des centicubes.
Ensuite, complète l'expression mathématique
qui décrit ta construction.

a) ☐ x ☐ ou ☐ x ☐

b) ☐ ou ☐

c) ☐ x ☐ ou ☐ x ☐

d) ☐ ou ☐

e) ☐ x ☐ ou ☐ x ☐

C 22

Voici des expressions mathématiques.
Trace un rectangle pour chacune.

(a) 3×4

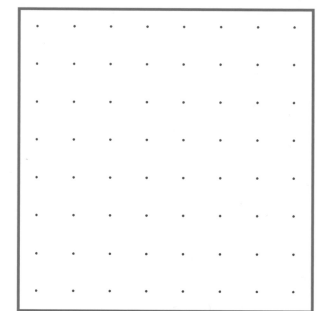

(b) 6×5

(c) $\dfrac{14}{2}$

(d) $\dfrac{15}{3}$

C
23

Fiche complémentaire *Géométrie 17*

1 Prends chaque ensemble de réglettes.
Fais un rectangle d'au moins deux
rangs avec chaque lot.

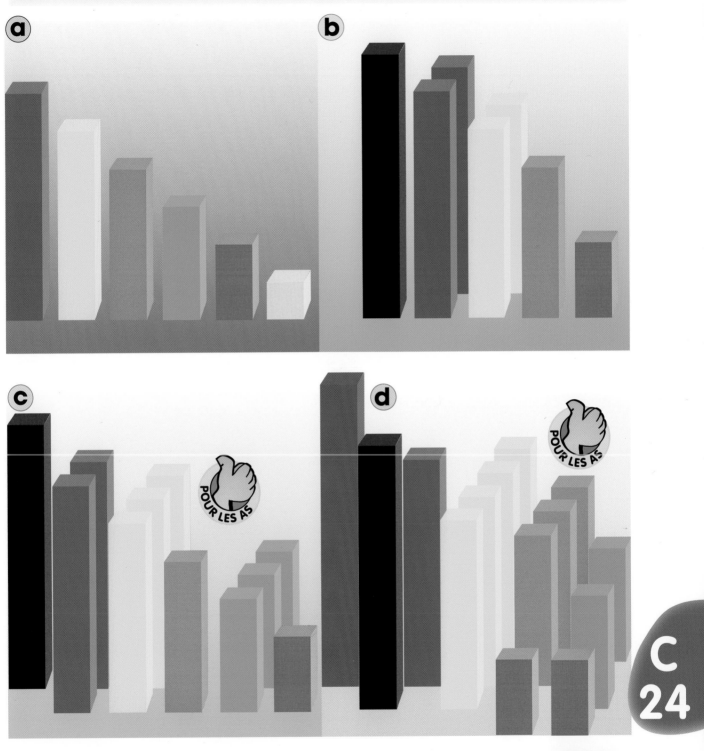

a

b

c

d

POUR LES AS

POUR LES AS

C
24

2 Dessine tes plans sur une grille quadrillée
ou avec un logiciel de dessin vectoriel.

Bienvenue...

Construis les modèles
du Géovillage avec
les géoblocs indiqués.

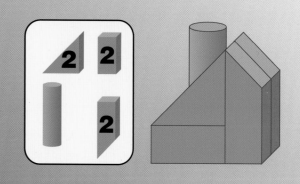

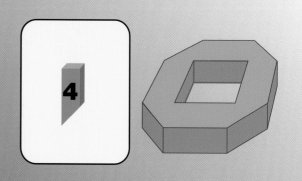

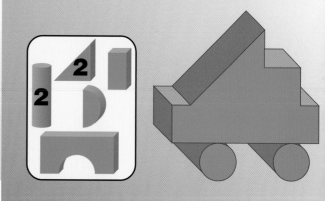

**D
25**

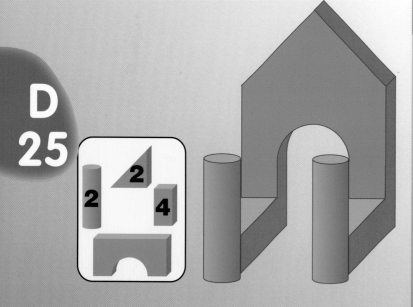

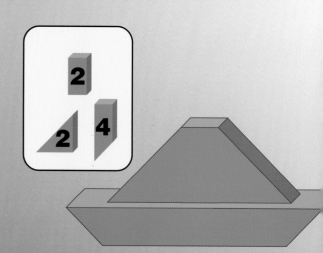

166

... au Géovillage !

Tu as des idées ?
Ajoute tes propres
modèles au Géovillage.

POUR LES AS

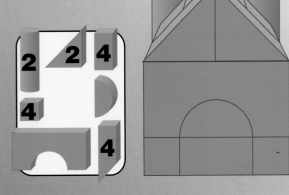

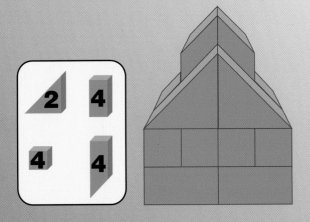

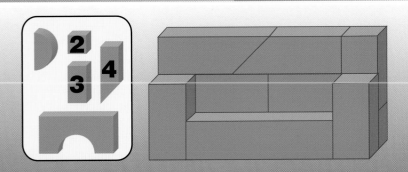

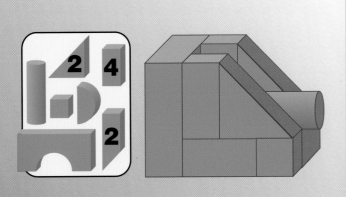

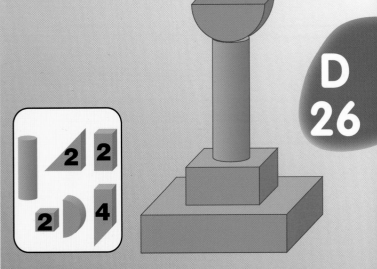

D
26

167

Avec des formes géométriques,
on peut faire toutes sortes d'objets.

prisme
tronqué

cube   prisme
         rectangulaire

1 Avec tes 18 géoblocs,
tu peux construire ce
chandelier et cette
boîte à surprise.

pont

cylindre

prisme
triangulaire

demi-cylindre

Construis-les et trouve de quelle
surprise il s'agit...

2 Érige ce château avec un ensemble
complet de géoblocs.

Mais où se cachent donc :

POUR LES AS

a les 2 cylindres ?

b le demi-cyclindre ?

c le deuxième prisme triangulaire ?

d les 4 prismes rectangulaires ?

e les 4 prismes tronqués ?

Voici deux façons de classer
les solides géométriques.

1

Nous sommes
des polyèdres.

Pas nous !

Entoure les solides
qui sont des
polyèdres.

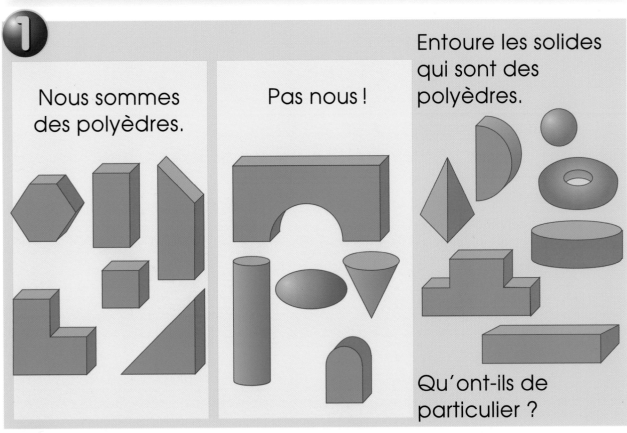

Qu'ont-ils de
particulier ?

2

Nous sommes
des pavés.

Pas nous !

Entoure les solides
qui sont des pavés.

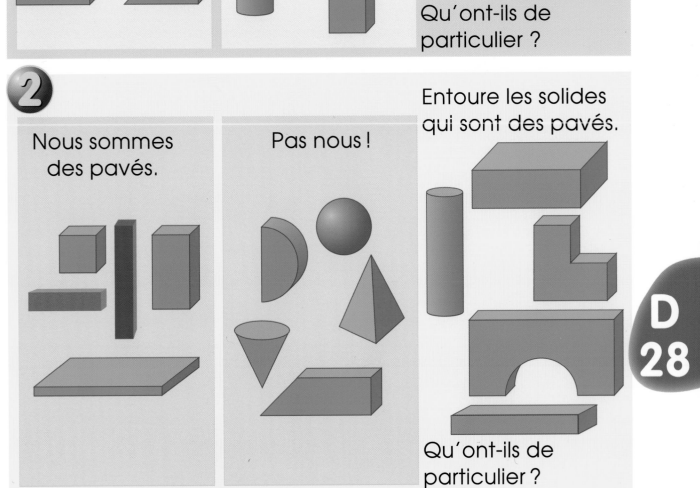

Qu'ont-ils de
particulier ?

D
28

Observe cette figure.
À quel objet familier te fait-elle penser ?

Prends un miroir.
Pose-le de différentes façons
sur la figure du numéro 1.
Réussis-tu à voir chacune des
autres figures de la page ?

En as-tu fait apparaître
de nouvelles ?

Trace le cercle, le carré et le
triangle qui ont servi à construire
la figure du numéro 1.
Aide-toi de ton miroir.

D 29

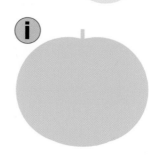

170

1 Assemble le modèle avec des centicubes.
Place le miroir sur ton modèle
pour obtenir chaque image.

Modèle

a Trace la ligne du miroir quand c'est
possible.

b Entoure les figures impossibles à obtenir.

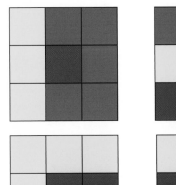

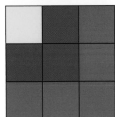

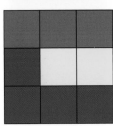

2 Place ton miroir sur la grande face du pont.
Peux-tu obtenir chaque image ?

a Trace la ligne du miroir sur
chaque figure.

b Entoure les figures
impossibles à obtenir.

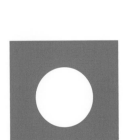

D
30

Voici 2 carrés modèles.
Reproduis-les avec tes centicubes.

a Trace la ligne du miroir sur chaque image symétrique.

b Entoure les figures qui ne sont pas symétriques.

1

Modèle

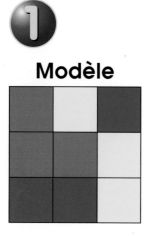

2

Modèle

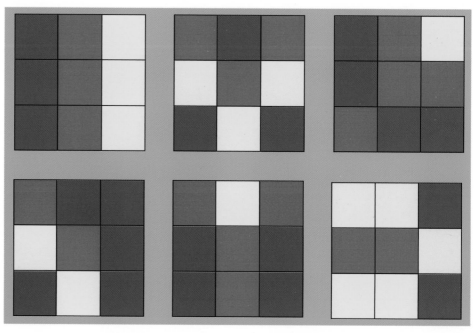

Méli-mélo

Faire des mathématiques,
c'est jouer à
faire comme si...

Du théâtre...

Résoudre des problèmes mathématiques, c'est parfois comme faire du théâtre.

Au théâtre, les décors nous permettent d'imaginer un lieu. Un château, par exemple. Il n'y a pas de nourriture sur la table. Mais les comédiennes et les comédiens *font comme si...*

Au théâtre de marionnettes, toutes les actions sont mimées. Les personnages sont inanimés. Mais des mains agiles leur donnent vie...

A
1

... et des maths !

Pour résoudre ces problèmes, deviens scénariste. Comme Mani, imagine la scène et les décors. Utiliseras-tu tes doigts ? Allez, rideau !

1 Madame Rose entre au zoo. L'enclos des flamants est fermé. Madame Rose regarde sous la clôture. Elle voit 3 pattes d'oiseaux. Combien y a-t-il de flamants dans cet enclos ? _____

2 Samuel a 2 frères et 3 soeurs. Combien y a-t-il d'enfants dans la famille de Samuel ? _____

3 Dans un panier de fruits, il y a 3 oranges et 4 poires. À la collation, 5 fruits ont été mangés. Combien de fruits sont encore dans le panier ? _____

A 2

1 Un parc est aménagé dans la jungle.
Tu vois la clôture à vol d'oiseau.
Entoure tous les animaux qui sont à l'intérieur du parc.

2 Ajoute ces animaux.
Suis les consignes.

a Un à l'extérieur du parc (dessine un ■).

b Un à l'intérieur du parc (dessine un △).

c Un dans la rivière, à l'intérieur du parc
(dessine un ●).

1 La fourmi rentre dans sa fourmilière.
Combien de réserves peut-elle visiter ?

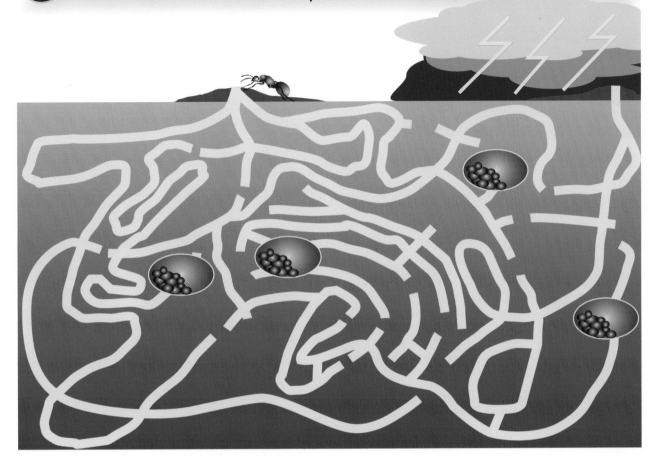

2 « Enfin, annonce Mani, nous allons savoir
quel est l'animal le plus rapide du monde ! »

La course a eu lieu.

- Le martinet était très nerveux.
- La gazelle a été moins
  rapide que le guépard.
- Le guépard n'a pas gagné.

ARRIVÉE

Écris 1, 2 et 3 pour indiquer l'ordre d'arrivée des animaux.

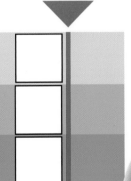

A
4

Du dessin...

On peut représenter la réalité
avec quelques traits de
crayon. C'est un art.
Les artistes de bandes
dessinées le font.
Les as des mathématiques
aussi.
Mais de manière différente...

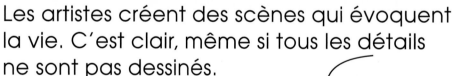

Dans les bandes dessinées, tu
rencontres parfois des animaux.
Tu les reconnais, même s'ils sont
assez différents des vrais.

Les artistes créent des scènes qui évoquent
la vie. C'est clair, même si tous les détails
ne sont pas dessinés.

... et des maths !

Comme Picto, deviens artiste mathématique.

Reproduis la scène du problème 1 en ne laissant que quelques traits.

1 À l'étable, Amélie a vu des poules et une vache. « En tout, j'ai compté douze pattes d'animaux », dit-elle en sortant.
Combien de poules Amélie a-t-elle vues ?

Dessine ta solution.

2

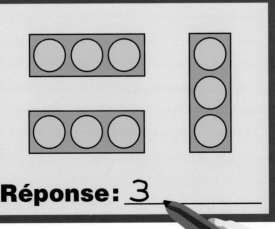

Réponse: 3 _____

Voici une oeuvre mathématique.
L'artiste n'a tracé que les lignes essentielles.
L'art mathématique se distingue par la simplicité de ses dessins.
Quel problème correspond à ce dessin ?

B 6

179

Sur un navire, il y a 3 pirates, 2 prisonniers et 4 chèvres.

Combien y a-t-il de personnes sur ce navire ?

Ton dessin

Réponse : _____ personnes

 Monsieur Petit-Pas a 2 chapeaux et 5 paires de chaussures. Mais 3 chaussures sont percées.

Combien de chaussures de monsieur Petit-Pas ne sont pas percées ?

Ton dessin

Réponse : _____ chaussures

 Comment traverser tous ces ponts sans passer deux fois sur le même ? Pars d'où tu veux.

B 7

1 Complète l'énoncé du problème. Puis, résous-le.

À la bibliothèque, il y a 6 filles et 3 garçons. Au son de la cloche, 2 _____ s'en vont. Combien reste-t-il de filles à la bibliothèque ?

 2 Ton livre compte exactement 6 pages. Avant d'aller dormir, tu lis les 8 premières pages.

Combien de pages devras-tu lire pour finir ton livre ?

Ton dessin

Ton dessin

Réponse : _____ filles

Réponse : _____ pages

 3 Un carré est déjà tracé dans cette grille autour des chiffres 1, 2, 3 et 4. D'autres carrés contenant ces quatre chiffres existent. Encadre-les tous.

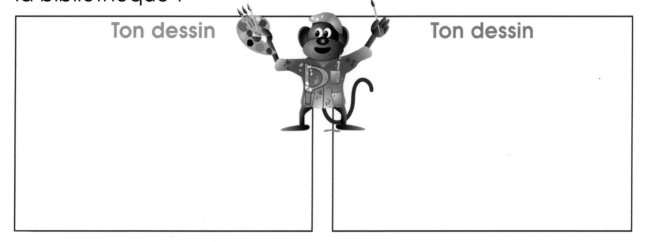

B 8

181

1 À l'atelier de réparation, il y a 3 bicyclettes. Il manque 2 roues.

Combien y a-t-il de roues à ces bicyclettes ?

Ton dessin

Réponse : _____ roues

2 Cette semaine, il a plu tous les jours, sauf lundi et samedi.

Combien y a-t-il eu de jours de pluie cette semaine ?

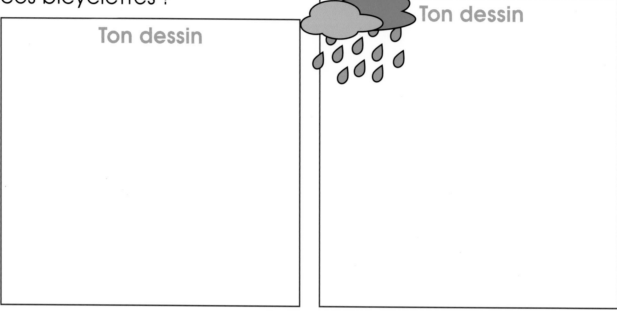

Ton dessin

Réponse : _____ jours de pluie

3 Pour fabriquer la lettre A, il faut utiliser 3 sortes de pièces d'un jeu de construction.

De combien de pièces de chaque sorte as-tu besoin pour :

a fabriquer la lettre A ?

b et 3 lettres A ?

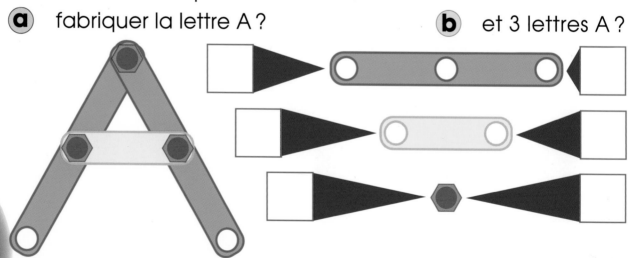

1 Dans l'autobus, il y a 9 élèves. À l'arrêt, 3 filles et des garçons descendent.

Combien d'élèves sont encore dans l'autobus ?

Ton dessin

Réponse : _____ élèves

2 On te donne 20 $ pour aller acheter 14 savons. À l'épicerie, les savons sont vendus en paquets de 3.

Combien prends-tu de paquets ?

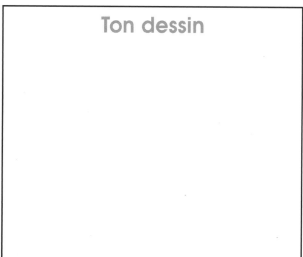

Ton dessin

Réponse : _____ paquets

3 Sur la rue Latour, il n'y a pas deux immeubles de même hauteur. Utilise 12 cubes pour construire les 4 immeubles de la rue Latour. Puis, dessine-les.

De l'écriture...

Depuis des millénaires, l'écriture permet de communiquer des idées.

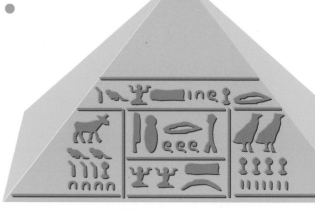

Quand tu lis, tu peux imaginer des scènes. Même si tu ne connais pas la personne qui a écrit le texte !

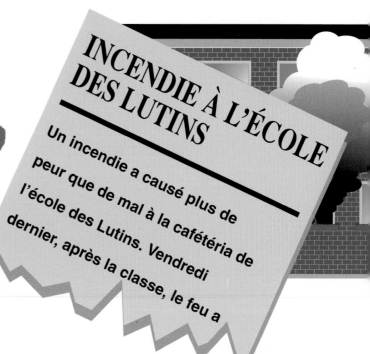

INCENDIE À L'ÉCOLE DES LUTINS

Un incendie a causé plus de peur que de mal à la cafétéria de l'école des Lutins. Vendredi dernier, après la classe, le feu a

chapeau

Les premières écritures utilisaient des dessins. C'était comme dans les rébus.
Avec le temps, l'écriture s'est transformée.
Aujourd'hui, quelques signes suffisent à exprimer toute notre pensée.

C
11

184

... et des maths !

Comme Scrip, deviens journaliste. Raconte la scène du problème 1 en rédigeant une phrase mathématique.

$$5 < 8$$

$$2 + 2 = 4$$

 Tu achètes 4 timbres à 1 $ et 5 timbres à 2 $. Combien de timbres as-tu achetés ?

Écris la phrase mathématique qui représente cette situation.

 Imagine un problème qui va bien avec cette phrase mathématique :

$$4 + 2 - 1 = \boxed{}$$

Les phrases mathématiques sont comme les dessins mathématiques. Elles se limitent à l'essentiel.

C 12

185

À la quincaillerie, j'ai acheté 2 chiffres de bois pour afficher mon numéro d'immeuble. J'ai pris un 5 et un 7.

 Dans sa poche, Sonia a 8 ¢. Pourtant, elle n'arrive pas à partager également cette somme avec son frère.

Quel est mon numéro ?

Ta solution

Pourquoi ?

Ta solution

3 Comment obtenir chaque total de points en lançant le nombre de fléchettes indiqué ?

a 4 fléchettes : 7 points   **b** 4 fléchettes : 9 points

Tes phrases mathématiques

Une émission de télévision dure 2 heures. Elle débute à 11 heures.

À quelle heure cette émission finira-t-elle ?

Ta phrase mathématique

Réponse : À _____ heures.

   Énumère toutes les façons possibles de réunir une somme de 10 ¢ avec des pièces.

Tes phrases mathématiques

Réponse : Il y a _____ façons.

 Écris ou dessine une histoire qui va bien avec cette phrase mathématique :

$$7 - 4 + 2 = 5$$

C 14

Les personnages en action

Problème : Comment trouver la hauteur d'un arbre ?

Caboche

Je fais comme si...
Je cherche à quoi ça sert.

Je pense qu'en comparant la longueur de son ombre à la mienne...

J'associe.
J'imagine.
J'invente.
Je découvre.

Troublefête

Je raisonne.
Je me concentre.

Je vérifie si les objets les plus hauts possèdent les ombres les plus longues.

Je démontre.
Je vérifie.
J'explique.

Papyrus

Je lis et j'écris.

L'unité de mesure utilisée est le mètre et son symbole est m.

J'utilise les bons termes et les bons symboles.

D3D4

Je suis précis et rapide.
Je me souviens.

Je mesure la hauteur de ces objets et la longueur de leur ombre.

Bonjour !
Mon nom est D3D4

Je mesure.
Je dessine.

2 + 2 = 4
Je calcule.
Je mémorise.